Voici qu'avant la fin du terrible combat,
Le troupier sur le sol en chancelant s'abat.
Hélas! son sang coulait sous l'humide uniforme,
Et s'échappait à flots d'une blessure énorme.
Zouave, loin des secours ne vas-tu pas mourir?..
Aussitôt le minet se hâte d'accourir,
A l'endroit d'où le sang sur la terre s'épanche,
Regarde avec tristesse, et doucement se penche.
Flaire un peu, puis soudain, comprenant son devoir,
Sa langue de la plaie étanche le sang noir.
Tout autour, ah! c'était un horrible carnage,
Le chat, tranquillement, poursuivait son ouvrage.
Par ce soin si prudent, le fidèle animal
Empêche que du moins s'envenime le mal.

Quand, au soir, le docteur fut auprès du malade,
Regardant la blessure, il dit: «Mon camarade,
Tu l'as échappé belle, et, sans ton chat, ma foi,
Tu n'aurais pas besoin en ce moment de moi.»
Le médecin lui donne un cordial, le panse,
Puis le fait sans retard porter à l'ambulance.
Quatre mois d'hôpital guériront le troupier;
Il pourra revenir un jour à son foyer.

A l'hôtel-Dieu voici qu'en recevant son maître,
On refuse le chat qu'on n'y veut point admettre.
«Vous recevrez aussi, vous recevrez mon chat!
Ou point ou tous les deux!» supplia le soldat.
«Sans lui je serais mort, vous pouvez bien m'en croire...»
—Le blessé, de son chat conta toute l'histoire.—
«Ici, je resterai, puis mon chat s'en ira!!...
Non, non, non!» dit le zouave, et le zouave pleura.

Ce touchant plaidoyer obtint pleine justice,
On fit exception aux règles de l'hospice.
Le zouave de son chat ne put se séparer,
Et ne parle jamais de son chat sans pleurer.

3992. Mme Maurice-Benoist, Grav, rue St Sauveur, 72.   Imp. Dupré, rue du Delta, 26.

A. PINATEL, ÉDITEUR DE MUSIQUE, 18, FAUBOURG POISSONNIÈRE, PARIS.

LES JOYEUSETÉS DE L'ÉCOLE
RÉPERTOIRE COMIQUE DES PENSIONNATS

CHANSONNETTES COMIQUES *avec parlé* (P? garçons)

SAINT-KOPP. Bêtes et Gens ...... P? et Ch? »50 Ch? seul »»
» Je demande à vieillir ...... » »50
» Un géographe à la mode ...... » »50
» Si j'étais académicien ...... » »50
» Un poète d'occasion ...... » »50
TROJELLI .... L'Ami des chats ...... » »50
BLANGY ..... Projets d'un paysan revenant de Paris » »50
PILLON ..... Le guignon de Jean Pochet .... » »» »50
DORÉ ...... Une mésaventure ...... » »50

OUVIER ...... Le premier prix d'histoire P? et Ch? 1» Ch? seul »35
S? GERMAIN ..... Un amant de la gloire .... » »» » »35
BERSEVILLE .. Le Petit nageur ...... » »50 » »»
GRAZIANI .... L'Invalide à la tête de bois » 1» » »35
DE ROGET .... Les Étrennes ...... » »50 » »»
LIMAGNE ..... Le Petit Figaro ...... » »50 » »»
» ...... Grand-Père ...... » »50 » »»
» ...... La galette à Jeannot ...... » »50 » »»
» ...... La tartine ...... » »50 » »»

LIMAGNE .... L'Alphabet illustré ...... P? et Ch? »50.

CHANSONNETTES COMIQUES *avec parlé* (P? Jeunes filles)

DUBOIS .... La petite Bavarde ...... P? et Ch?»50 Ch? seul »»
SAINT-KOPP .. Mamahtresse d'école ...... »50
» Quand vous étiez petite fille ...... »50
» Ce que je ne sais pas ...... »50
» Conseils aux petites filles ...... »50
» Le jour de l'an de Mlle Lili ...... »50

BERSEVILLE .. Je suis montée en omnibus, P? et Ch? »50 Ch? seul »»
LIOUVILLE .... Quand je serai majeure ...... » »50
» ...... Zézette ...... » »50
» ...... Trop franche ...... » »50
» ...... Pas exacte ...... » »50
» ...... Très occupée ...... » »50

LIOUVILLE .... Les Lundis de Mme Plumeau ...... P? et Ch?»50.

DUOS

TRITANT .. Clic, clac, pan, pan ...... P? et Ch? 1» Ch? seul »»
TROJELLI .. Premier duel ...... » 1»
GILIS .... Croquemitaine (Scène et Chœur) » 1»
» .... Les mirlitons (chœur av. mirlitons) » »50

PINATEL ..... La chute d'un âne (chœur 3 voix) P? et Ch?25 Ch? seul »»
LIMAGNE ..... L'Escapade ...... » »50
DEMORTREUX .. Les deux travailleurs ...... » 2.50
BORDÈSE ..... L'alouette et le laboureur ...... » 1»

CHANSONNETTES COMIQUES ET ROMANCES *(sans parlé)* (P? Jeunes filles)

DROUIN .. Les trois quenouillettes ...... P? et Ch?»50 Ch? seul »»
» .... Boutade d'une écolière ...... »50
GILIS ... Le Revenant ...... »50

BERSEVILLE .. La petite Champenoise ...... P? et Ch?»50 Ch? seul »»
DUMONT ..... Ma petite sœur ...... »50
SPENCER ..... Les pendants d'oreilles ...... »50

CHANSONNETTES POUR GARÇONS *(sans parlé)* avec Accompagnement de Piano

LIMAGNE .. Haut en bas ou Le Petit Ramoneur P? et Ch?»50 Ch? seul »»
» La Ronde des sabots ...... »50
» Un Mousse breton ...... »50
» Le petit Escamoteur ...... »50
» Tant pis, tant mieux ...... »50
GILIS .... Le petit doigt de maman ...... »50
» .... Venez Saint Nicolas ...... »50
» .... J'aurai très bien ...... »50
» .... Le garçon universel ...... »50
» .... Les distractions de Paul ...... »50

GILIS .... Les deux renards ...... P? et Ch?50 Ch? seul »»
SAINT-KOPP .. Quand on est grand ...... » »50
MEINERS ..... J'ai quelque chose dans le plafond » 1» »35
BERSEVILLE .. La brioche de grand'maman ...... » »50
LIMAGNE ..... Rétameur, raccommodeur ...... » »50
» ...... Le gentil parrain ...... » »50
» ...... Petit Pierre ...... » »50
» ...... La musette du petit Yvon ...... » »50
GEISPITZ .... La ballade du petit clerc ...... » »50
MARIETTI .... Le mandat-poste ...... » »50

CHANSONNETTES COMIQUES ET ROMANCES *(sans parlé)* (P? Jeunes filles ou Garçons)

DORÉ ..... Le grand-père prisonnier ...... Piano et Chant »50
GILIS .... A Saint-Nicolas ...... » »50
WALTRE ... La gamme ...... » »50
LIMAGNE .. Cherchez, vous trouverez ...... » »50
» ...... Le loup et l'agneau ...... » »50
FERALD ... Si j'avais un sou ...... » »50

SPENCER .... Le loup et l'escargot ...... Piano et Chant »50
GILIS ...... Le Basson ...... » »50
BOUSQUET ... Le Chardonneret (polka chantée) .. » »50
CLÉMENT .... Zim ba da boum ...... » »50
LIMAGNE .... La ronde des sabots ...... » »50
» ...... La tartine (avec parlé) ...... » »50

LIMAGNE .... L'alphabet illustré (avec parlé) Piano et Chant »50.

MONOLOGUES, DIALOGUES, SCÈNES SANS MUSIQUE.

MONOLOGUES (Garçons)

Mes livres de classe ...... »50
Un grand dîner chez nous ...... »50
Une nuit à la campagne ...... »50
Ah! ces leçons! ...... »50
Dans le pays où se demeure ...... »50

L'Uniforme de grand'père ...... »50
Lazare Hoche ...... »50
Chez le commissaire ...... »50
Monsieur le Règlement ...... »50
Ah! la ville! ...... »50
La Comblomanie ...... »50

Retour des examens du bac ...... »50
Le médecin pratique ...... »50
Le charlatan nouveau ...... »50
J'ai vu sur la ronde racine ...... »50
Le marchand de bonnets ...... »50

MONOLOGUES (jeunes filles)

Qui donc inventa le miroir? ...... »50
Cette pauvre langue! ...... »50
Les petits démons ...... »50

Sensitive ...... »50
Adieux à la Cloche du Pensionnat ...... »50
Maudite fée, va! ...... »50
Gronderie à ma poupée ...... »50

Grands hommes et grandes femmes ...... »50
Si j'étais cuisinière ...... »50
Patati, patata! ...... »50
Qui est-ce qui a fait le programme? ...... »50

DIALOGUES ET SCÈNES (pour Garçons)

Le Boudeur (4 personnages) ...... »50
La Police prophète (plusieurs pers) ...... »50
Casseur provençal et casseur gascon (dialogue) »50
L'Hyperbolâtrie (dialogue) ...... »50

La pipe et le journal (dialogue) »50
Le sourd et le médecin » »50
La Gesticulomanie ... » »50
La Fontaine en comédie (scène) ...... »50

Une tombola amusante (scène) ...... »50
Le vin et l'eau (dialogue) ...... »50
Une leçon de littérature (dialogue) ...... »50

DIALOGUES ET SCÈNES (pour jeunes filles)

La Fontaine comique (scène, plusieurs personnages) ...... »50
Une dispute en calembourgs (dialogue) » 50
Les mauvais tours de la distraction » »50
Les deux petites mamans (dialogue) ...... »50

Le Chat en proverbes (scène, plusieurs personnages) ...... »50
Les félicités de la mauvaise humeur (dialogue) »50
Un dîner sur l'herbe ...... » »50

L'art de complimenter .. (dialogue) »50
Dire qu'une lettre m'embarrasse » »50

A.P. 3904.

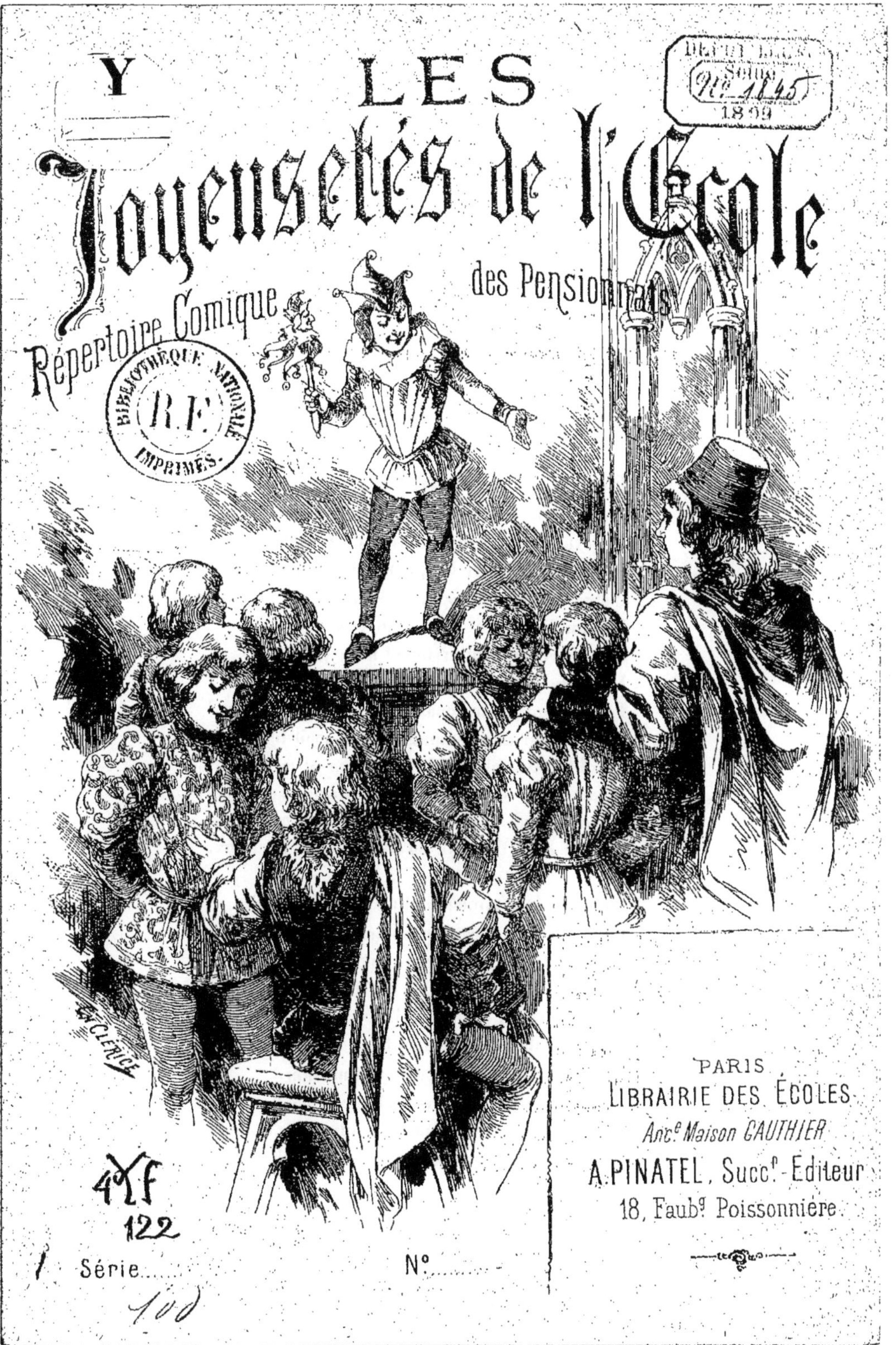

Y
LES
Joyeusetés de l'École
Répertoire Comique
des Pensionnats
BIBLIOTHÈQUE NATIONALE
R.F.
IMPRIMÉS
Ed. CLÉRICE
PARIS
LIBRAIRIE DES ÉCOLES
Anc.e Maison GAUTHIER
A. PINATEL, Succr.-Editeur
18, Faubg. Poissonnière
122
1.e Série
N°

LE CHAT DU ZOUAVE

MONOLOGUE POUR GARÇON

Prix: 50° net.

F. PRAZ

A. PINATEL, Éditeur de Musique, 18, Faub.ᵍ Poissonnière, PARIS.

Un zouave d'Afrique avait au régiment
Un chat, joli minet qu'il aimait tendrement.
Il l'avait apporté de la terre de France.
On lui faisait laver les gamelles, je pense...
C'était un chat espiègle, ainsi que tous les chats.
Le jour, il amusait par ses joyeux ébats.
Son exercice, à lui, c'étaient mille gambades
Dont son maître riait avec les camarades;
La nuit auprès du zouave il faisait son rouron.
Quand pour une campagne on sonnait le clairon,
Crac! le petit minet, allait soudain se mettre,
Comme il faisait toujours, sur le sac de son maître.
Le chat était content, le zouave était heureux.
Ils causaient du pays en chemin tous les deux.

Or, pour le régiment vint un jour de bataille.
Le Russe avec fureur nous crachait la mitraille:
C'est l'Alma. Les clairons sonnants déchirent l'air,
Le chat reste insensible à l'effrayant concert.
Son maître à l'ennemi s'élance comme un brave,
Court, tombe, se relève, et lutte en vrai zouave.
Dans l'ardente mêlée, il paraît un lion.
Le chat reste à son poste et sur le sac tient bon.
Ce lynx ainsi perché qui ne semble rien craindre,
En cas pareil, vraiment, c'est quelque chose à peindre.

A. P. 399

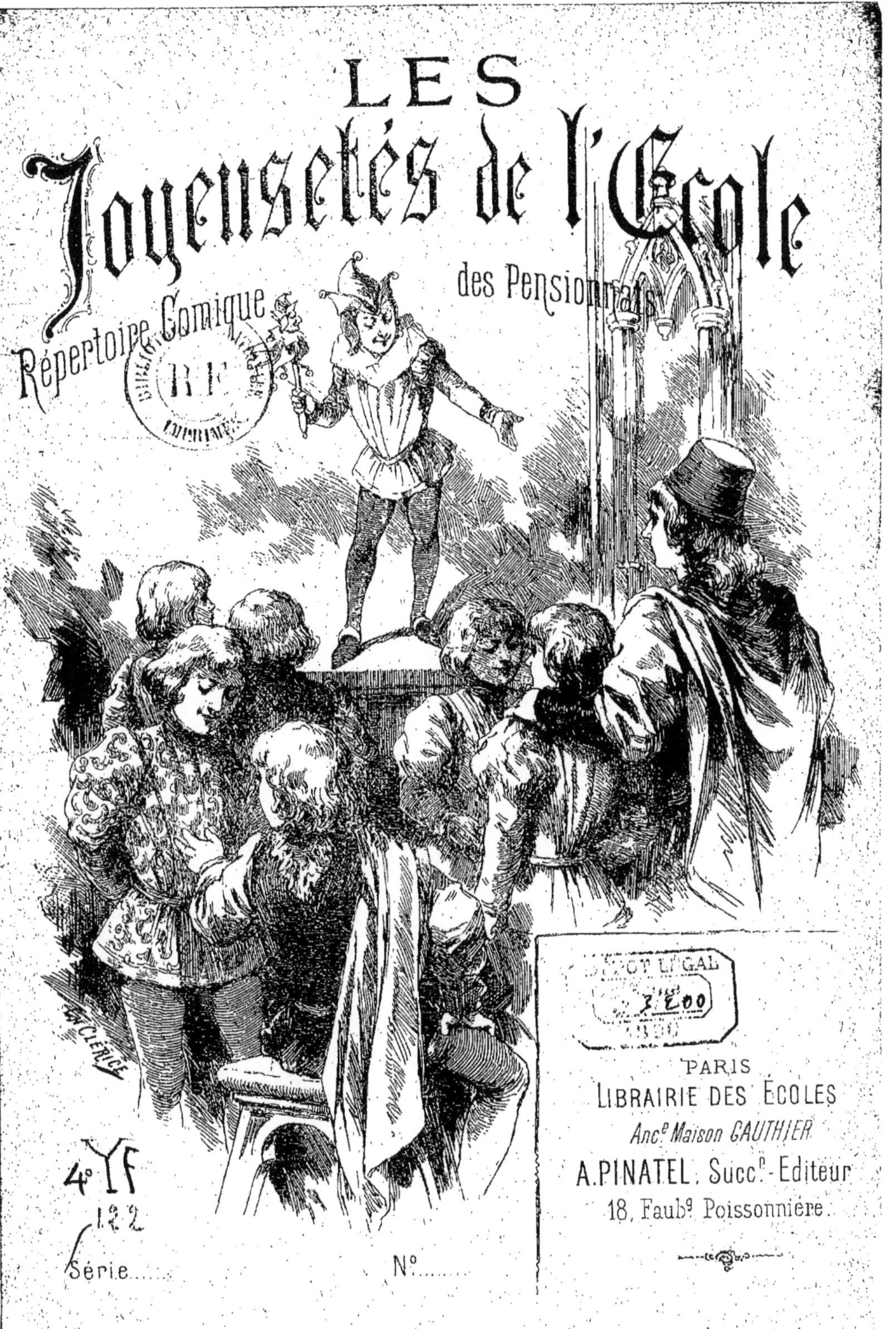

LES
Joyeusetés de l'École
des Pensionnats
Répertoire Comique
R F
4 YF
122
Série......
N°......
PARIS
LIBRAIRIE DES ÉCOLES
Anc.e Maison GAUTHIER
A. PINATEL, Succ.r - Editeur
18, Faub.g Poissonnière.

LES JOYEUSETÉS DE L'ÉCOLE

Z'AI VU SUR LA RONDE MACINE!

MONOLOGUE POUR TOUT PETIT GARÇON

Prix: 50º net.

F. PRAZ.

A. PINATEL, Éditeur de Musique, 18, Faubᵍ Poissonnière, PARIS.

Z'ai vu, sur la ronde macine
Que z'ai parcourue en piéton,
Z'ai vu les Cinois de la Cine
Et les Zaponnais du Zapon.
Z'ai vu, z'ai vu, selon les zones,
Les types les plus curieux :
Les Noirs, les Rouzes, puis les Zaunes,
Les Blancs, les Verts, même les Bleus!

Bien plus, z'ai — çose peu commune —
Vu, loin du globe de céans,
Les hommes qui peuplent la lune:
Ah! quels colosses! quels zéants!...
Un seul vous manze une baleine
Pour dîner, quand il a peu faim,
Et le moins buveur d'une haleine
Vous avale un foudre de vin!...

Oh! oui! z'ai, depuis que z'explore
Tous, tous les mondes existants
Et même les autres encore,
Vu bien des peuples *épatants!*
Tout ça, c'est de la pacotille.
Trouu de l'air! z'en ai bien vu, mais...
Pas un ne monte à la ceville
De notre peuple marseillais!!!...

   A. P. 3900.   Imp. Dupré, rue du Delta, 26

A. PINATEL, ÉDITEUR DE MUSIQUE, 18, FAUBOURG POISSONNIÈRE, PARIS.

LES JOYEUSETÉS DE L'ÉCOLE
RÉPERTOIRE COMIQUE DES PENSIONNATS

CHANSONNETTES COMIQUES *avec parlé* (Pᵣ garçons)

		Pᵒ et Chᵗ	Chᵗ seul			Pᵒ et Chᵗ	Chᵗ seul
SAINT-KOPP	Bêtes et Gens	» 50	» »	OUVIER	Le premier prix d'histoire	1 »	» 35
»	Je demande à vieillir	» 50	» »	Sᵗ GERMAIN	Un amant de la gloire	» »	» 35
»	Un géographe à la mode	» 50	» »	HERSEVILLE	Le Petit nageur	» 50	» »
»	Si j'étais académicien	» 50	» »	GRAZIANI	L'Invalide à la tête de bois	1 »	» 35
»	Un poète d'occasion	» 50	» »	DE ROGET	Les Étrennes	» 50	» »
TROJELLI	L'Ami des chats	» 50	» »	LIMAGNE	Le Petit Figaro	» 50	» »
BLANGY	Projets d'un paysan revenant de Paris	» »	» 50	»	Grand-Père	» 50	» »
PILLON	Le guignon de Jean Pochet	» »	» 50	»	La galette à Jeannot	» 50	» »
DORE	Une mésaventure	» 50	» »	»	La tartine	» 50	» »

LIMAGNE, L'Alphabet illustré .... Pᵒ et Chᵗ » 50.

CHANSONNETTES COMIQUES *avec parlé* (Pᵣ Jeunes filles)

		Pᵒ et Chᵗ	Chᵗ seul			Pᵒ et Chᵗ	Chᵗ seul
DUBOIS	La petite Bavarde	» 50	» »	BERSEVILLE	Je suis montée en omnibus	» 50	» »
SAINT-KOPP	Ma maîtresse d'école	» 50	» »	LIOUVILLE	Quand je serai majeure	» 50	» »
»	Quand vous étiez petite fille	» 50	» »	»	Zézette	» 50	» »
»	Ce que je ne sais pas	» 50	» »	»	Trop franche	» 50	» »
»	Conseils aux petites filles	» 50	» »	»	Pas exacte	» 50	» »
»	Le jour de l'an de Mˡˡᵉ Lili	» 50	» »	»	Très occupée	» 50	» »

LIOUVILLE .... Les Lundis de Mᵐᵉ Plumeau .. Pᵒ et Chᵗ » 50.

DUOS

		Pᵒ et Chᵗ	Chᵗ seul			Pᵒ et Chᵗ	Chᵗ seul
TRITANT	Clic, clac, pan, pan	1 »	» »	PINATEL	La chute d'un âne (chœur à 3 voix)	25 »	» »
TROJELLI	Premier duel	1 »	» »	LIMAGNE	L'Escapade	» 50	» »
GILIS	Croquemitaine (Scène et Chœur)	1 »	» »	DEMORTREUX	Les deux travailleurs	2 50	1 »
»	Les mirlitons (chœur av. mirlitons)	» 50	» »	BORDÈSE	L'alouette et le laboureur	1 »	» »

CHANSONNETTES COMIQUES ET ROMANCES *(sans parlé)* (Pᵣ Jeunes filles)

		Pᵒ et Chᵗ	Chᵗ seul			Pᵒ et Chᵗ	Chᵗ seul
DROUIN	Les trois quenouillettes	» 50	4 »	BERSEVILLE	La petite Champenoise	» 50	» »
»	Boutade d'une écolière	» 50	» »	DUMONT	Ma petite sœur	» 50	» »
GILIS	Le Revenant	» 50	» »	SPENCER	Les pendants d'oreilles	» 50	» »

CHANSONNETTES POUR GARÇONS *(sans parlé)* avec Accompagnement de Piano

		Pᵒ et Chᵗ	Chᵗ seul			Pᵒ et Chᵗ	Chᵗ seul
LIMAGNE	Haut en bas ou Le Petit Ramoneur	» 50	» »	GILIS	Les deux renards	» 50	» »
»	La Ronde des sabots	» 50	» »	SAINT-KOPP	Quand on est grand	» 50	» »
»	Un Mousse breton	» 50	» »	MEINERS	J'ai quelque chose dans l'plafond	1 »	» 35
»	Le petit Escamoteur	» 50	» »	BERSEVILLE	La brioche de grand'maman	» 50	» »
»	Tant pis, tant mieux	» 50	» »	LIMAGNE	Rétameur, raccommodeur	» 50	» »
GILIS	Le petit doigt de maman	» 50	» »	»	Le gentil parrain	» 50	» »
»	Venez Saint Nicolas	» 50	» »	»	Petit Pierre	» 50	» »
»	J'aurai très bien	» 50	» »	»	La musette du petit Yvon	» 50	» »
»	Le garçon universel	» 50	» »	GEISPITZ	La ballade du petit clerc	» 50	» »
»	Les distractions de Paul	» 50	» »	MARIETTI	Le mandat-poste	» 50	» »

CHANSONNETTES COMIQUES ET ROMANCES *(sans parlé)* (Pᵣ Jeunes filles ou Garçons)

DORE	Le grand'père prisonnier	Piano et Chant » 50	SPENCER	Le loup et l'escargot	Piano et Chant	» 50
GILIS	A Saint-Nicolas	» 50	GILIS	Le Ballon		» 50
WALTRE	La grappe	» 50	BOUSQUET	Le Chardonneret (polka chantée)		» 50
LIMAGNE	Cherchez, vous trouverez	» 50	CLÉMENT	Zim ba da boum		» 50
»	Le loup et l'agneau	» 50	LIMAGNE	La ronde des sabots		» 50
FERALD	Si j'avais un sou	» 50	»	La tartine (avec parlé)		» 50

LIMAGNE, ... L'alphabet illustré (avec parlé) Piano et Chant » 50..

MONOLOGUES, DIALOGUES, SCÈNES SANS MUSIQUE.

MONOLOGUES (Garçons)

Mes livres de classe	» 50	L'Uniforme de grand'père	» 50	Retour des examens du bac	» 50
Un grand dîner chez nous	» 50	Luxure Hoche	» 50	Le médecin pratique	» 50
Une nuit à la campagne	» 50	Chez le commissaire	» 50	Le charlatan nouveau	» 50
Ah! ces leçons!	» 50	Monsieur le Règlement	» 50	J'ai vu sur la ronde mucine	» 50
Dans le pays où se demeure	» 50	Ah! la ville!	» 50	Le marchand de bonnets	» 50
		La Comblomanie	» 50		

MONOLOGUES (jeunes filles)

Qui donc inventa le miroir?	» 50	Sensitive	» 50	Grands hommes et grandes femmes	» 50
Cette pauvre langue!	» 50	Adieux à la Cloche du Pensionnat	» 50	Si j'étais cuisinière	» 50
Les petits démons	» 50	Maudite fée, va!	» 50	Patati, patata!	» 50
		Grouderie à ma poupée	» 50	Qui est-ce qui a fait le programme?	» 50

DIALOGUES ET SCÈNES (pour Garçons)

Le Boudeur (4 personnages)	» 50	La pipe et le journal (dialogue)	» 50	Une tombola amusante (scène)	» 50
Le Patise prophète (plusieurs pers.)	» 50	Le sourd et le médecin	» 50	Le vin et l'eau (dialogue)	» 50
Casseur provençal et casseur gascon (dialogue)	» 50	La Gesticulomanie	» 50	Une leçon de littérature (dialogue)	» 50
		L'Hyperbolâtrie (dialogue)	» 50	La Fontaine en comédie (scène)	» 50

DIALOGUES ET SCÈNES (pour jeunes filles)

La Fontaine comique (scène, plusieurs personnages)	» 50	Le Chat en proverbes (scène, plusieurs personnages)	» 50		
Une dispute en calembourgs (dialogue)	» 50	Les félicités de la mauvaise humeur (dialogue)	» 50	L'art de complimenter (dialogue)	» 50
Les mauvais tours de la distraction	» 50	Un dîner sur l'herbe	» 50	Dire qu'une lettre m'embarrasse	» 50
		Les deux petites mamans (dialogue)	» 50		

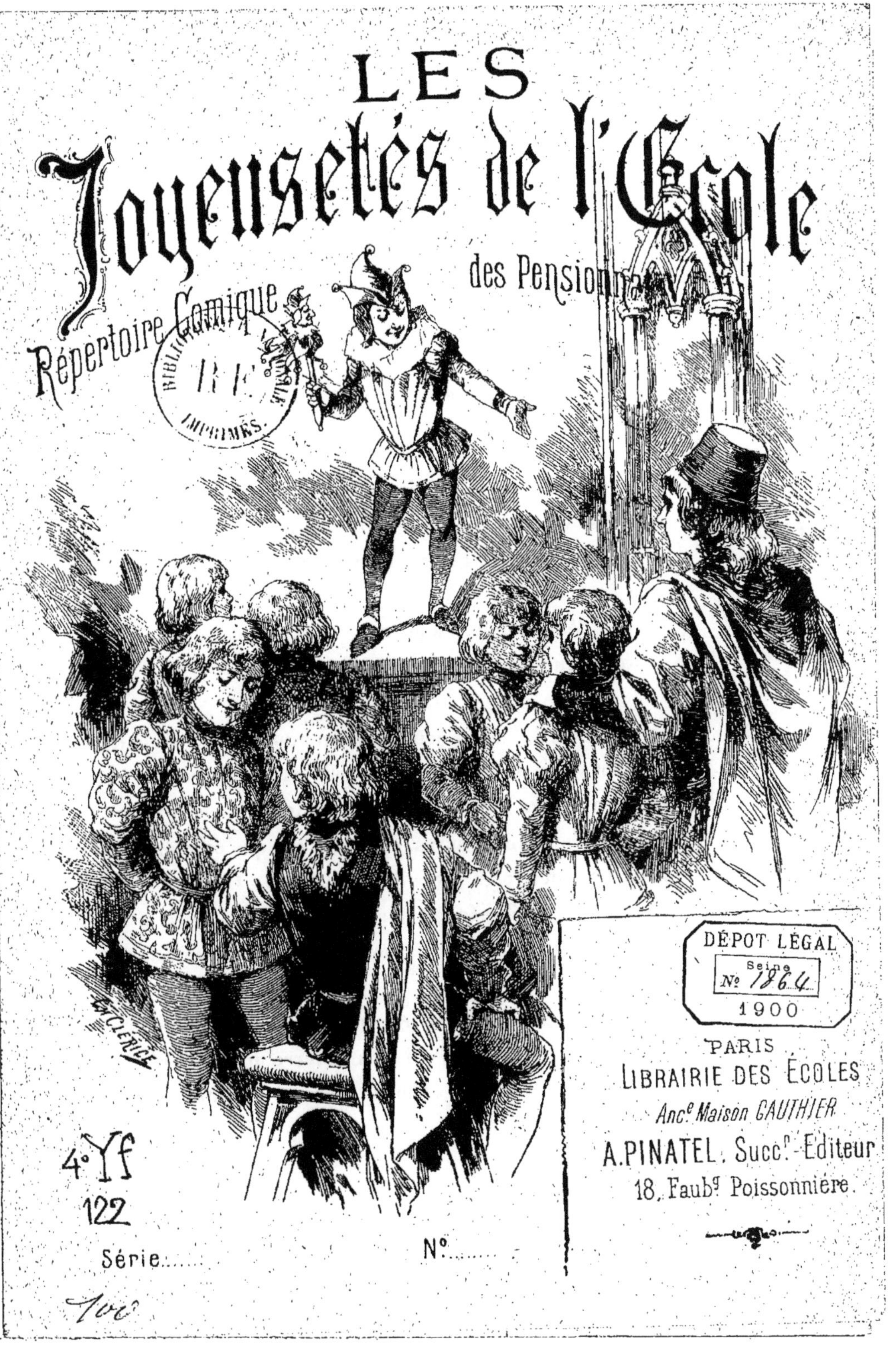

LES
Joyeusetés de l'École
des Pensionnaires
Répertoire Comique
DÉPOT LÉGAL
Seine
Nº 1864
1900
PARIS
LIBRAIRIE DES ÉCOLES
Ancⁿᵉ Maison GAUTHIER
A. PINATEL, Succʳ-Editeur
18, Faubᵍ Poissonnière.
4ᵒ Yf
122
Série......
Nº......

LES JOYEUSETÉS DE L'ÉCOLE

MON DERNIER BISCUIT.

MONOLOGUE POUR GARÇONNET D'ÉCOLE MATERNELLE

Prix:50°net.

F. PRAZ

A. PINATEL, Éditeur de Musique, 18, Faub? Poissonnière, PARIS.

Chaque fois que je me suis oublié à faire une gourmandise en cachette, maman m'a puni.

Elle a bien raison, maman, car la gourmandise, oh! que c'est laid !

Maintenant que je suis *à peu près* corrigé, je n'aime pas non plus voir commettre ce péché par *les autres*.

Ainsi, l'autre jour, maman avait mis un biscuit dans un petit verre de vin sucré, puis elle est sortie en me recommandant d'être bien sage et de ne toucher à rien.

Un moment après, j'ai remarqué que ce gros biscuit avait bu tout le petit verre de vin sucré...... Oh! le gourmand!.. N'est-ce pas qu'il méritait une leçon! Aussi je lui en ai donné une *bonne*, qui lui a fait passer le goût du vin sucré......

Quand maman est revenue, elle m'a dit comme ça: « Petit gourmand, qui est-ce qui a bu ce verre de vin sucré, hein?» —Moi, j'ai vite répondu: «Maman, ce n'est pas moi, c'est ce vilain biscuit qu'il y avait dedans. Mais, sois tranquille, il n'y reviendra pas: pour le punir, je l'ai mangé. »

Alors, maman a pris une verge, et comme le buveur du vin, le mangeur du biscuit a payé à son tour.

Une autre fois, je saurai ce qu'il en cuit à punir un biscuit !....

(Rideau)

4084   Mᵐᵉ Maurice-Benoist, Grav. rue St Sauveur, 72.   Imp. Dupré, rue du Delta, 26.

A. PINATEL

ÉDITEUR DE MUSIQUE, 18, FAUBOURG POISSONNIÈRE, PARIS.

LES JOYEUSETÉS DE L'ÉCOLE

Répertoire Comique des Pensionnats.

EXTRAIT DU CATALOGUE GÉNÉRAL

MONOLOGUES, DIALOGUES, SCÈNES.

MONOLOGUES POUR LES TOUT PETITS, Chacun net. 50¢.

Garçons

Histoire d'un bâton de chocolat.	Mon dernier biscuit.
Le petit Missionnaire.	Petit cours de politesse à mon chapeau neuf.
Le petit Orateur.	Petit Rat et petit Chou.

Z'ai vu sur la ronde mapine.

Fillettes

A ma petite paresse.	Connaissez-vous mon petit frère?
A ma poupée boudeuse.	Gronderie à ma poupée.
Au petit démon de la gourmandise.	J'ai une langue de pie.
C'est pas tout rose d'être maman.	Leçon à ma poupée terrible.
C'est pas tout rose d'être petite.	Les perfections de ma poupée.

Savez-vous?

MONOLOGUES POUR GARÇONS, Chacun net. 50¢.

Ah! ces leçons!	Le nez en proverbes.
Ah! la ville!	Le phonographe.
A mon premier porte-monnaie.	Les automobiles.
Bravo les réformateurs!	Lazare Hoche.
Ça, c'est pour les amis!	L'impôt sur l'échprit monologue auvergnat (couplets ad lib)
Gauthenlon choisit un métier.	L'un était de Bayeux et l'autre de Bayonne.
Chez le commissaire.	L'uniforme de Grand-père.
Dans le pays où ze demeure.	Mémoires d'un automobiliste.
Ecoutez-moi ça, professeurs d'arithmétique!	Mes livres de classe.
En faisant cuire un bifteck.	Monsieur le Reglement.
Holà! de ma pauvre santé!	Naturaliste nouveau siècle.
J'ai raté mon monologue!	Où donc qu'il est le clou de l'Eqchpogichion?
J'étais toujours malade!	Pourquoi qu'on n'a pas bâti les villes à la cam-
La Comblomanie.	pagne? (avec couplets ad lib.)
La fête des Barbes-blanches.	Retour des examens du Bac.
L'Almanach que je voudrais.	Rouget de l'Isle et la Marseillaise. (mon. patriotique)
La première cigarette.	Tout s'arrête, excepté….
Le chat du zouave.	Trois fois roulé….
Le charlatan nouveau.	Une nuit à la campagne.
Le clou des peuples.	Une réclame début de siècle.
Le dîner de l'Auvergnat.	Un grand dîner chez nous.
Le marchand de bonnets.	Un monologue original.
Le Marseillais fabuliste.	Voyage de Niquedouille à Cornichon-les-Blaises.
Le médecin pratique.	Z'ai vu sur la ronde mapine.

PETITES SCÈNES ENFANTINES à plusieurs Personnages avec Acct de Piano

GILIS — La poule et ses poussins, (scène imit.) net 50¢	A. de PÉRIGNAT — Cavalerie légère, Divertissement en-
GILIS — Croquemitaine…………… net. 1f.	fantin avec chants et manœuvres de scène…… net. 1f.
JEANMOUGIN — Deux contre une, dial et chœur, net. 25¢	PRAZ — Inauguration des vacances, Scène, parlé et
LIMAGNE — Décorés (garçons)…………net. 1f.	chant, pour 12 à 15 fillettes……………… net. 1f.
LIMAGNE — Ronde du B, A, ba (garçons)…. net…50¢	PRAZ — Les petits guerriers, Scène, parlé et chant,
	pour 12 à 15 garçons………………… net. 1f.

Imp. Dupré, rue du Delta, 26.   A. P. 4243.

LE PETIT ORATEUR

MONOLOGUE POUR GARÇONNET

Prix: 50° net.   **F. PRAZ.**

A. PINATEL, Éditeur de Musique, 18, Faub° Poissonnière, PARIS.

(Devant lui, une table, demi-verre d'eau et petit sucrier. Au lever de la toile,
il met d'abord deux morceaux de sucre dans son verre et commence son discours.)

Mesdames, messieurs,

Je suis député!........oui, député pour vous adresser un
discours. Mais rassurez-vous: sa longueur sera proportionnée
à la taille de l'orateur. Donc, il ne sera pas long!........

(Avec une cuillère à café il remue son verre d'eau.)

Tout d'abord, merci, mesdames et messieurs, d'avoir
bien voulu, par votre aimable présence, donner un si bel
éclat à notre fête scolaire! Salut à tous les papas et à toutes les mamans qui sont venus assister aux triomphes de
leurs petits chérubins!

Soyez fiers, papas et mamans, car vos fils, à l'école,
ont été sages comme des anges. Je puis le dire: j'y étais!....

Des fois, il nous arrive d'être un peu paresseux à
l'étude et gourmands à la maison, mais vous savez ce que

                    A.P. 42

c'est que les enfants!........ Ça ne nous empêche pas d'aimer beaucoup nos parents et tout ce qui est bon!........

(Il remue son eau sucrée, en boit une gorgée et y ajoute du sucre.)

On a dit que l'instruction est un trésor et que le travail en est la clé, c'est très bien. Or, nous venons d'en user pendant dix mois de cette clé, et il est temps que les vacances nous mettent entre les mains une autre clé: la clé des champs. Oh! la clé des champs!......Ici, mesdames et messieurs, je n'ai pas de mots pour exprimer notre bonheur; c'est pourquoi votre petit Mirabeau va terminer son discours. *(Il boit un peu.)*

Donc, les papas, donc, les mamans, préparez-vous! Bientôt vos diablotins de petits anges vont se jeter dans vos bras avec des prix, avec des couronnes, avec surtout des bouquets de baisers!........

(Il achève son verre d'eau, et avec sa petite cuillère, il recueille, pour le croquer, le sucre resté au fond du verre.)

(RIDEAU)

A. PINATEL

ÉDITEUR DE MUSIQUE, 18, FAUBOURG POISSONNIÈRE, PARIS.

LES JOYEUSETÉS DE L'ÉCOLE

Répertoire Comique des Pensionnats.

EXTRAIT DU CATALOGUE GÉNÉRAL
MONOLOGUES, DIALOGUES, SCÈNES.

MONOLOGUES POUR LES TOUT PETITS, Chacun net. 50ᶜ.

Garçons

Histoire d'un bâton de chocolat.	Mon dernier biscuit.
Le petit Missionnaire.	Petit cours de politesse à mon chapeau neuf
Le petit Orateur.	Petit Rat et petit Chou.

Z'ai vu sur la ronde maçine.

Fillettes

A ma petite paresse.	Connaissez-vous mon petit frère?
A ma poupée boudeuse.	Gronderie à ma poupée.
Au petit démon de la gourmandise.	J'ai une langue de pie.
C'est pas tout rose d'être maman.	Leçon à ma poupée terrible.
C'est pas tout rose d'être petite.	Les perfections de ma poupée.

Savez-vous?

MONOLOGUES POUR GARÇONS, Chacun net. 50ᶜ.

Ah! ces leçons!	Le nez en proverbes.
Ah! la ville!	Le phonographe.
A mon premier porte-monnaie.	Les automobiles.
Bravo les réformateurs!	Lazare Hoche.
Ça, c'est pour les amis!	L'impôt sur l'echprit monologue auvergnat (couplets ad lib)
Cauthenlon choisit un métier.	L'un était de Bayeux et l'autre de Bayonne.
Chez le commissaire.	L'uniforme de Grand-père.
Dans le pays où ze demeure.	Mémoires d'un automobiliste.
Ecoutez-moi ça, professeurs d'arithmétique!	Mes livres de classe.
En faisant cuire un bifteck.	Monsieur le Reglement.
Holà! de ma pauvre santé!	Naturaliste nouveau siècle.
J'ai raté mon monologue!	Où donc qu'il est le clou de l'Eqchpogichion?
J'étais toujours malade!	Pourquoi qu'on n'a pas bâti les villes à la cam-
La Comblomanie.	pagne? (avec couplets ad lib.)
La fête des Barbes-blanches.	Retour des examens du Bac.
L'Almanach que je voudrais.	Rouget de l'Isle et la Marseillaise. (mon. patriotique)
La première cigarette.	Tout s'arrête, excepté….
Le chat du zouave.	Trois fois roulé.
Le charlatan nouveau.	Une nuit à la campagne.
Le clou des peuples.	Une réclame début de siècle.
Le dîner de l'Auvergnat.	Un grand dîner chez nous.
Le marchand de bonnets.	Un monologue original.
Le Marseillais fabuliste.	Voyage de Niquedouille à Cornichon-les-Blaises.
Le médecin pratique.	Z'ai vu sur la ronde maçine.

PETITES SCÈNES ENFANTINES à plusieurs Personnages avec Accᵗ de Piano

GILIS — La poule et ses poussins, (scène imit.) net 50ᶜ	A. de PÉRIGNAT — Cavalerie légère, Divertissement en-
GILIS — Croquemitaine………………… net . 1ᶠ…	fantin avec chants et manœuvres de scène….. net. 1ᶠ.
JEANMOUGIN — Deux contre une, dial. et chœur, net . 25ᶜ	PRAZ — Inauguration des vacances, Scène, parlé et
LIMAGNE — Décorés (garçons) ……………. net. 1ᶠ .	chant, pour 12 à 15 fillettes…………… net. 1ᶠ.
LIMAGNE — Ronde du B, A, ba (garçons)….. net .. 50ᶜ	PRAZ — Les petits guerriers, Scène, parlé et chant,
	pour 12 à 15 garçons…………………… net. 1ᶠ

"PETIT RAT" ET "PETIT CHOU"

MONOLOGUE POUR GARÇONNET

Prix: 50^c net .   F. PRAZ.

A. PINATEL, Éditeur de Musique, 18, Faub.^g Poissonnière, PARIS.

Mon nom, c'est Georges. Maman m'appelle son « petit ange, » parce que des fois je suis bien sage . Papa m'appelle son « petit diable, » parce que des fois je fais beaucoup de bruit .

Mais pourquoi que grand-père m'appelle son « petit rat »?........ Pourtant je ne suis pas un rat, moi: tous les jours je m'amuse avec le chat, et il faudrait bien qu'il essaie de me montrer les dents, je lui ferais voir si je me laisserais manger comme un petit rat!...............

Et puis aussi, pourquoi que grand'mère me donne encore un autre nom? Pour elle, je suis un « petit chou »; elle m'appelle son « petit chou »; tou-

                    A. P. 42

jours je suis son«petit chou», jamais sa « petite salade».
Pourtant c'est bien bon aussi la salade!

Mais qu'on me dise bien « petit rat» ou«petit
chou», même«petit melon», même «petite courge», si
on veut, ça me fait plaisir, parce que, quand on m'appelle
comme ça, toujours je reçois une caresse ou une fri_
andise...............

Si au contraire, on m'appelle Georges, tout
court:« Georges, qu'as-tu fait?........Georges, ici!.........»
oh! alors, je reçois......... autre chose!........

C'est pour ça, qu'au lieu d'être Georges, j'aime
encore mieux n'être qu'un«petit rat», ou un«petit chou»!

(RIDEAU)

A. PINATEL, Editeur de Musique, 18, Faub.ᵍ Poissonnière, PARIS.

MONOLOGUES
POUR LES TOUT PETITS
(Garçons)

Le petit missionnaire.	*Le petit orateur.*
Mon dernier biscuit.	*Petit cours de politesse à mon chapeau neuf.*
Z'ai vu sur la ronde maçine.	*Histoire d'un bâton de chocolat.*

(Filles)

A ma poupée boudeuse.	*Connaissez-vous mon petit frère?*
J'ai une langue de pie.	*Savez-vous?*

Chaque net: 50.ᶜ

MÉTHODE ÉLÉMENTAIRE DE MUSIQUE VOCALE par *L. Girard et H. Gautier.*
Première Partie:brochée 1.25.cartonnée 1.75.Deuxième Partie:brochée.1.50.cartonnée.2 net.
Les **2** Parties réunies.et cart.3 net.

4227. Mᶫᶫᵉ CHANTRE,Gr.   Imp. Dupré,rue du Delta,26.

A. PINATEL

ÉDITEUR DE MUSIQUE, 18, FAUBOURG POISSONNIÈRE, PARIS.

LES JOYEUSETÉS DE L'ÉCOLE

Répertoire Comique des Pensionnats.

EXTRAIT DU CATALOGUE GÉNÉRAL
MONOLOGUES, DIALOGUES, SCÈNES.

MONOLOGUES POUR LES TOUT PETITS, Chacun net. 50c.

Garçons

Histoire d'un bâton de chocolat.	Mon dernier biscuit.
Le petit Missionnaire.	Petit cours de politesse à mon chapeau neuf.
Le petit Orateur.	Petit Rat et petit Chou.

Z'ai vu sur la ronde maçine.

Fillettes

A ma petite paresse.	Connaissez-vous mon petit frère?
A ma poupée boudeuse.	Gronderie à ma poupée.
Au petit démon de la gourmandise.	J'ai une langue de pie.
C'est pas tout rose d'être maman.	Leçon à ma poupée terrible.
C'est pas tout rose d'être petite.	Les perfections de ma poupée.

Savez-vous?

MONOLOGUES POUR GARÇONS, Chacun net. 50c.

Ah! ces leçons!	Le nez en proverbes.
Ah! la ville!	Le phonographe.
A mon premier porte-monnaie.	Les automobiles.
Bravo les réformateurs!	Lazare Hoche.
Ça, c'est pour les amis!	L'impôt sur l'échprit monologue auvergnat (couplets ad lib)
Gauthenlon choisit un métier.	L'un était de Bayeux et l'autre de Bayonne.
Chez le commissaire.	L'uniforme de Grand-père.
Dans le pays où ze demeure.	Mémoires d'un automobiliste.
Ecoutez-moi ça, professeurs d'arithmétique!	Mes livres de classe.
En faisant cuire un bifteck.	Monsieur le Reglement.
Holà! de ma pauvre santé!	Naturaliste nouveau siècle.
J'ai raté mon monologue!	Où donc qu'il est le clou de l'Eqchpogikhion?
J'étais toujours malade!	Pourquoi qu'on n'a pas bâti les villes à la cam-
La Comblomanie.	pagne? (avec couplets ad. lib.)
La fête des Barbes-blanches.	Retour des examens du Bac.
L'Almanach que je voudrais.	Rouget de l'Isle et la Marseillaise. (mon. patriotique)
La première cigarette.	Tout s'arrête, excepté....
Le chat du zouave.	Trois fois roulé.
Le charlatan nouveau.	Une nuit à la campagne.
Le clou des peuples.	Une réclame début de siècle.
Le dîner de l'Auvergnat.	Un grand dîner chez nous.
Le marchand de bonnets.	Un monologue original.
Le Marseillais fabuliste.	Voyage de Niquedouille à Cornichon-les-Blaises.
Le médecin pratique.	Z'ai vu sur la ronde maçine.

PETITES SCÈNES ENFANTINES à plusieurs Personnages avec Acct de Piano

GILIS — La poule et ses poussins, (scène imit.) net 50c	A. de PÉRIGNAT — Cavalerie légère, Divertissement en-
GILIS — Croquemitaine....... net. 1f...	fantin avec chants et manœuvres de scène..... net. 1f
JEANMOUGIN — Deux contre une, dial et chœur, net. 25c	PRAZ — Inauguration des vacances, Scène, parlé et
LIMAGNE — Décorés (garçons)....... net. 1f	chant, pour 12 à 15 fillettes....... net. 1f
LIMAGNE — Ronde du B, A, bà (garçons).... net.. 50c	PRAZ — Les petits guerriers, Scène, parlé et chant,
	pour 12 à 15 garçons....... net. 1f

A. P. 4243.

LE PETIT MISSIONNAIRE

MONOLOGUE-SERMON POUR GARÇONNET D'ÉCOLE MATERNELLE

Prix: 50° net.   F. PRAZ.

A. PINATEL, Editeur de Musique, 18, Faub.ᵍ Poissonnière, PARIS.

Mes frères, écoutez un mot de l'Evangile,

Et que de votre cœur l'oreille soit docile!

«En vérité, je vous le dis,

N'entreront dans le paradis

Que les petits.»

Qui donc a dit cela? C'est le Maître suprême.

Ici que chacun fasse un retour sur soi-même.

Car, mes frères, ce mot est des plus sérieux:

Les petits seuls ont droit au royaume des cieux!..

C'est une parole que j'aime.........

Mais je plains les géants

A. P. 422

Et ceux qui sont trop grands !........

Moi je suis tout petit, ça se voit à ma taille........

A devenir ainsi que chacun se travaille.

Mes frères, soyez donc petits dans votre cœur

Comme je vous parais à mon extérieur !........

C'est ainsi que du ciel vous ferez la conquête,

Et c'est ce bonheur-là que mon cœur vous souhaite !

(En bénissant) In nomine Patris, et Filii et Spiritus Sancti.

Amen.

(RIDEAU)

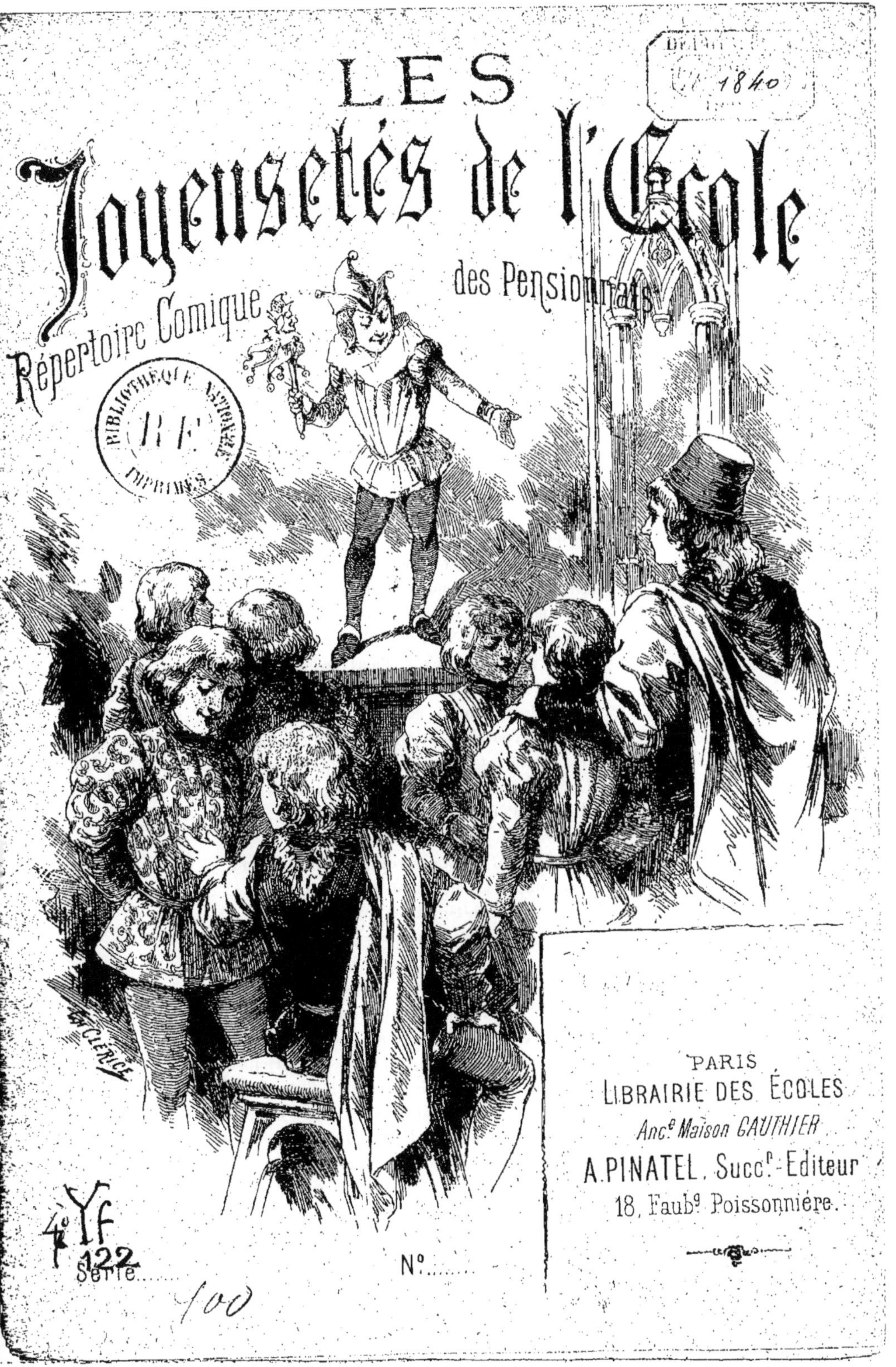

LES
Joyeusetés de l'École
des Pensionnats
Répertoire Comique
1840
PARIS
LIBRAIRIE DES ÉCOLES
Anc.e Maison GAUTHIER
A. PINATEL, Succr.-Editeur
18, Faubg. Poissonnière.
4e Yf
122
Série
N°

L'UN ÉTAIT DE BAYEUX ET L'AUTRE DE BAYONNE

ou

L'OIE ET LE PLUS BEAU RÊVE

MONOLOGUE POUR GARÇON

Prix: 50° net.

F. PRAZ

A. PINATEL, Editeur de Musique, 18, Faub.ᵍ Poissonnière, PARIS.

Deux hommes cheminaient sur la lande bretonne;
L'un était de Bayeux et l'autre de Bayonne.
Le premier donc, Normand pur sang; quant au second,
Va, qui dit Bayonnais, peut bien dire Gascon.
Ça promet, n'est-ce pas?...Tout à coup dans la plaine,
Seulette et tourmentée ainsi qu'une âme en peine,
Tous deux virent une oie. En des cris superflus
Elle appelait ses sœurs qu'elle ne trouvait plus.
Alors nos deux gaillards, flairant une bombance,
Malgré les cris de l'oie et de leur conscience,
—Nul œil n'étant sur eux de l'horizon lointain—
Sur la pauvre perdue eurent tôt mis la main.
Ils la palpent d'abord: de graisse toute ronde,
L'oie était, paraît-il, la plus belle du monde.
Bref, le vol est commis; tout va bien jusque–là;
Mais cette pièce à qui sera–t–elle?... Voilà!...
—«Divisons l'oie en deux d'une façon loyale,
Et que çacun en ait une partie égale,»
Dit le Gascon. —«Non pas, répond le fin Normand.
La couper, ce serait trop dommage vraiment!...
Mon cher, ajouta–t–il, d'une voix décidée,
Il me vient dans la tête une superbe idée.
Je crois que c'est le ciel qui m'inspire ceci.
Je suis sûr que cela va te plaire; voici:
Celui qui, cette nuit,—écoute bien, j'achève—
Celui qui cette nuit fera le plus beau rêve
Toute entière aura l'oie, et l'autre n'aura rien.
Est–ce accepté?»—«Très bien, dit le Gascon, très bien.
Z'accèpte.»Or, sur le soir, nos voyageurs entrèrent
Dans une auberge, et là, fort maigrement soupèrent,
Car tous deux espéraient mieux pour le lendemain.
En se disant bonsoir, ils se touchent la main,
Et chacun se retire en sa chambre avec joie,

Non sans avoir pourtant bien confié leur oie
Au maître de l'hôtel : le Gascon, le Normand,
Se connaissaient assez pour agir prudemment.
Le sire de Bayeux se mit bien vite, certes,
A rêver dans son lit, les paupières ouvertes ;
Il rêvait, il rêvait, se creusait le cerveau,
Afin de machiner un rêve vraiment beau,
Un rêve qui sur l'autre assurât sa victoire,
Et lorsqu'il s'endormit, ma foi, l'on peut bien croire
Que cette nuit n'était plus guère loin du jour.
Cependant, par ailleurs, le Gascon, à son tour,
Ne perdait pas son temps : laissant le *rêve* à l'autre
Pour faire du *réel*, voilà ce bon apôtre
—Tandis que le Normand songeait comme un martyr—
Qui vous plume notre oie et vous la fait rôtir,
Puis, la table servie, en avant, il banquète
Avec les hôteliers qui tenaient la guinguette
Et qu'il se fait honneur de régaler ainsi,
Car tous ces gens étaient, eux, de Bayonne aussi.
A la pointe du jour, le Normand qui jubile
Vient trouver mon Gascon qui digère tranquille :
—« Cher ami, lui dit-il, le tirant de sommeil ;
Ah ! quel rêve j'ai fait ! quel rêve sans pareil !
Ainsi figure-toi qu'en un char magnifique
Attelé d'oiseaux blancs qui chantaient en musique
Je voyageais dans l'air. Quel plaisir ! quel plaisir ! »
—« Oui, répond le Gascon, ze vous ai vu partir.
Alors ze me suis dit : Plus qu' une çose à faire,
Car il ne reviendra pas de sitôt sur terre,
Il me faut manzer l'oie, et c'est ce que z'ai fait !...
Nous étions quatre à table, et l'oie, oh ! l'oie était
Si bonne que pas un morceau n'a trouvé grâce ;
Il n'en reste, ma foi, plus rien que la carcasse. »
Le Normand devint bleu.... Devant ce tour cruel,
Oui, c'est alors vraiment qu'il en tomba du ciel !...
Il serra sa ceinture, et, sans prendre la mouche,
Il ouvrit, pour bâiller, toute grande sa bouche :
C'est qu'il avait, hélas ! bien sommeil et bien faim,
Le pauvre diable !... Là, l'histoire est à sa fin.

*_**

Qui donc mes deux héros étonnent-ils ? Personne :
L'un était de Bayeux et l'autre de Bayonne.

(Rideau)

M⟨me⟩ Maurine-Benoist, Gr. rue St Sauveur, 72.   Imp. Dupré, rue du Delta, 26.

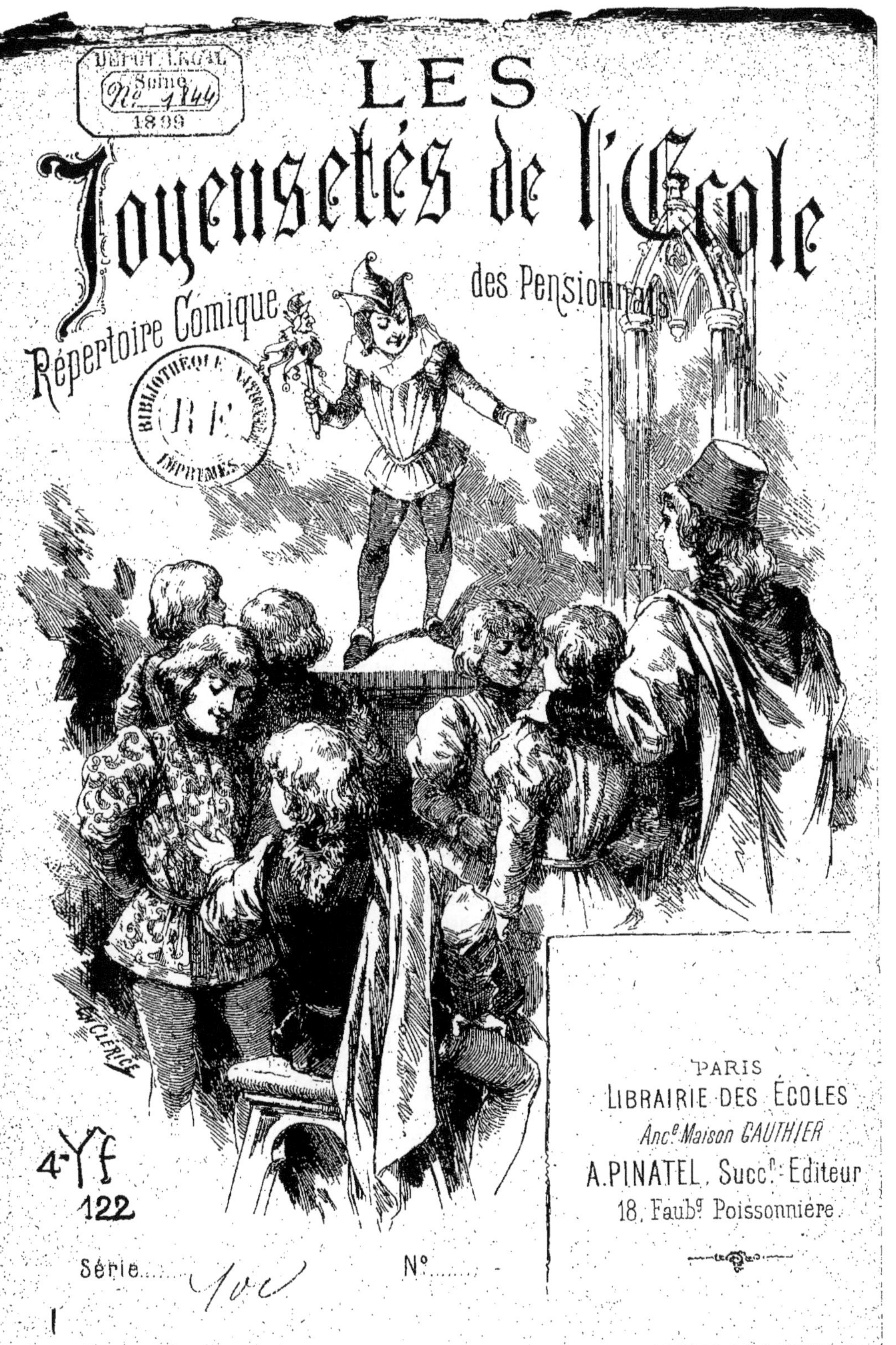

LES
Joyeusetés de l'École
Répertoire Comique
des Pensionnats
DÉPOT LÉGAL
Seine
N° 1144
1899
BIBLIOTHÈQUE NATIONALE
R F
IMPRIMÉS
L. CLERICE
PARIS
LIBRAIRIE DES ÉCOLES
Anc.ᵉ Maison GAUTHIER
A. PINATEL, Succ.ʳ Éditeur
18, Faubᵍ Poissonnière
4·Yf
122
Série.......
N°.......

LE NEZ EN PROVERBES

MONOLOGUE POUR GARÇON

Prix: 50^c net.

F. PRAZ

A. PINATEL, *Editeur de Musique*, 18, *Faub^g Poissonnière*, *PARIS*.

Pour vous servir un monologue,
Je cherche un titre nouveau; mais,
Depuis que ce genre est en vogue
On a traité tous les sujets.
Je viens trop tard. Par tout poète
Les plus jolis furent glanés.
Ma foi, sans me creuser la tête,
Moi je vais vous *parler du nez.*

Le nez saille sur la figure.
Il fut ainsi placé devant
Comme un symbole, et ça figure
Que partout il est en avant.
Ainsi quand pour une sottise
Nous sommes un peu malmenés,
C'est toujours notre nez qu'on vise
On dit: *Donnons-lui sur le nez!*

Est-ce parce qu'il est sensible,
Voyez comme de toutes parts,
C'est toujours lui qui sert de cible,
Lui qui reçoit tous les brocards.
Publiquement en ridicule
Si jamais nous sommes tournés,
C'est lui qui paye et sans scrupule
Tout le monde nous rit au nez.

Dans l'avenir sombre il sait lire
Ce pauvre nez souffre-douleur;
S'il parlait, il pourrait nous dire
Quels seront nos jours de malheur:
Il traîne la charge pesante
De nos maux avant qu'ils soient nés,
Et nous frémirions d'épouvante
A voir ce qui nous pend au nez.

A. P. 3

On dit que tout corps se dilate
Quand sur lui la chaleur agit,
Qu'il soit pâle ou bien écarlate,
Le nez aussi par le dépit :
Si l'espoir d'un succès nous trompe,
Alors sous des airs consternés,
Nous l'allongeons comme une trompe,
Et nous avons un pied de nez.

La fortune à beaucoup se voile :
Combien d'un murmure indiscret
Accusent leur mauvaise étoile
D'être éloignés de son banquet!
Quoi! mettre leur étoile en cause!
Non, non, messieurs, non, pardonnez!
Pour réussir en toute chose,
Il faut surtout avoir du nez.

Je vois sur la terrestre boule,
Je vois deux sortes d'habitants :
Le niais roulé, le fin qui roule,
C'est l'histoire de tous les temps.
Mortels à l'humeur moutonnière,
Comment donc êtes-vous menés,
Toujours de la même manière,
C'est toujours par le bout du nez.

On s'en sert comme d'une sonde;
Tant pis pour ceux qui l'ont petit —
C'est sur lui que le méchant monde
Parfois mesure notre esprit.
Car l'esprit a sa myopie :
Ah! plaignons ces infortunés,
Oui, plaignons ceux qui, dans la vie,
N'y voient pas plus loin que leur nez.

Je pourrais, sans lasser ma muse
Du nez encor tirer des vers;
Mais sur le nez qui nous amuse,
Assez de huit couplets divers.
Laissons les nez que peint le verre :
Ils sont bien assez chansonnés.
On doit savoir à temps se taire,
Surtout lorsqu'on parle du nez......

    (Rideau)

3987.   Mme Maurice-Benoist Grav., rue St Sauveur, 72.   Imp. Dupré, rue du Delta, 26.

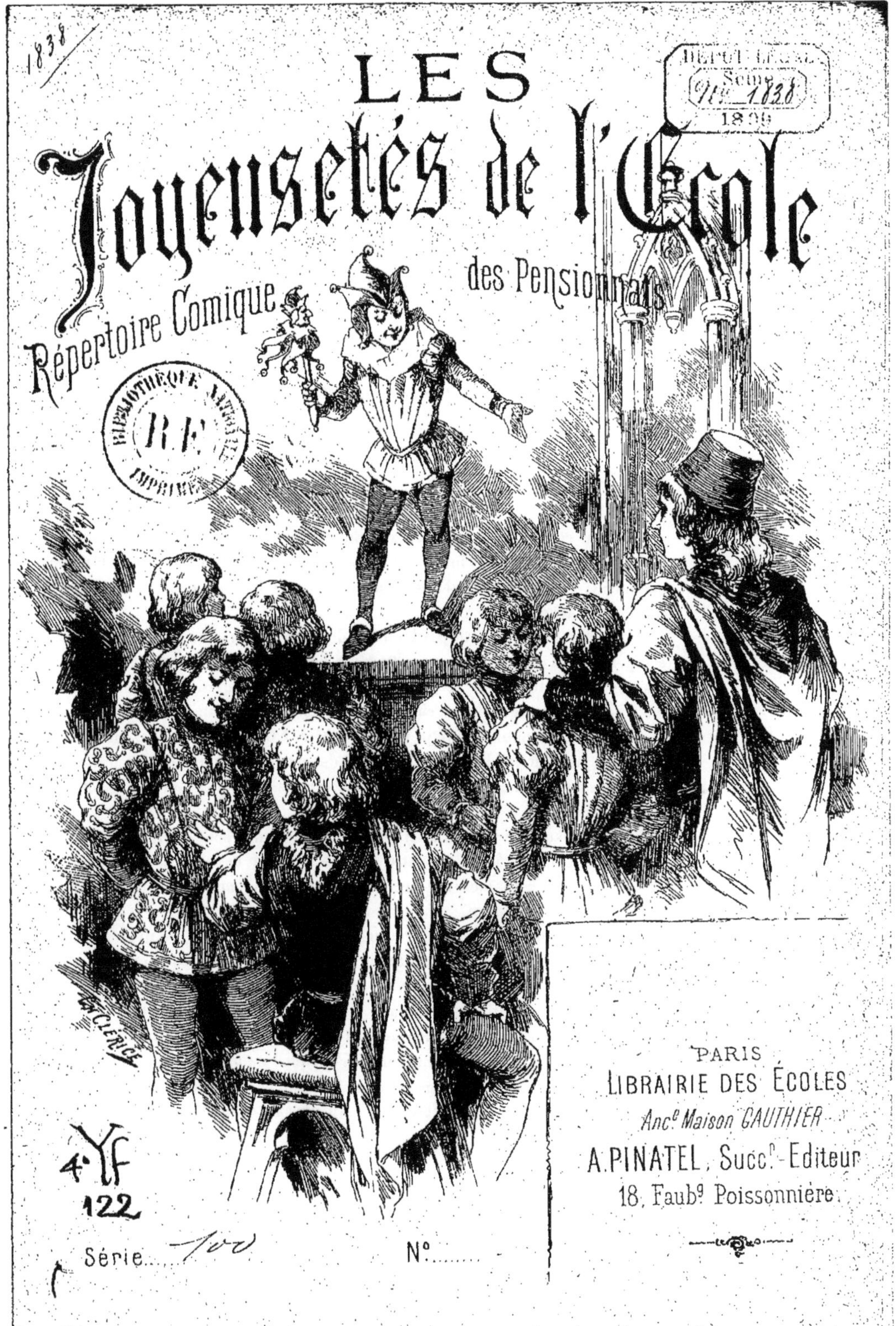

LES
Joyeusetés de l'École
Répertoire Comique
des Pensionnats
PARIS
LIBRAIRIE DES ÉCOLES
Anc.º Maison GAUTHIER
A. PINATEL, Succ.ᵣ Éditeur
18, Faub.ᵍ Poissonnière
Série
N.º

A MON PREMIER PORTE-MONNAIE

MONOLOGUE POUR GARÇON

Prix: 50ᶜ net.   F. PRAZ

A. PINATEL, Editeur de Musique, 18, Faub? Poissonnière, PARIS.

(*L'acteur s'adressera à son porte-monnaie qu'il aura à la main*)

Que tu es joli, mon petit porte-monnaie, avec ta robe luisante et ton fermoir éclatant!...Voyons l'intérieur.... (*il l'ouvre et examine*) Ah! oui, ce petit compartiment, c'est pour les pièces blanches, et puis là, c'est pour la monnaie de cuivre....très bien.

Dis, mon bijou, n'es-tu pas heureux de tomber entre mes mains, et de récompenser ma sagesse, car, vois-tu, c'est parce que je suis très sage que ma tante est allée te choisir et t'acheter pour moi. J'ignore ce que tu coûtes, mais je puis dire que tu es cher, ohloui, bien cher à mon cœur.

Dis, sais-tu quel trésor je vais te confier? Oh! peut-être pas des louis d'or, non, mais de jolies pièces blanches de cinquante centimes, de un franc et même de deux francs, enfin toutes les étrennes en espèces que je reçois pour mes plaisirs.

Mais puisque te voilà à mon service, écoute, mon petit ami, j'ai une confidence très sérieuse à te faire, et cela dans l'intérêt de ta petite richesse; car si tu viens à te montrer trop complaisant pour mes caprices, je te plains, oui, je te plains d'avance.

Tu sauras que je suis un peu gourmand. Oh! n'aie pas peur, ce n'est pas toi que je veux manger, bien que tu sois joli à croquer, mais tu auras fort à pâtir quand j'irai chez le pâtissier et les marchands de douceurs. Donc, quand tu verras que je multiplie trop mes visites chez ces *bons* messieurs, tu me diras comme ça: «Halte-là, mon petit maître! Y songes-tu?...Tant de gourmandises, cela n'engraisse ni toi ni moi. Vois donc: il ne me reste bientôt plus que la peau. Allons, réserve ton argent pour quelque chose de plus utile. C'est ainsi que tu me feras la leçon, n'est-ce pas? Tu verras comme je t'écouterai bien.

                    A. P

Mais si je rencontre un pauvre enfant qui souffre de la faim et qui n'a rien
à manger, alors, pas d'observations, donne-lui une jolie pièce blanche. Nous
le verrons sourire, mon ami, sourire de joie, lui qui pleure si souvent! Oh! la
douce gourmandise que c'est pour le cœur d'apaiser la faim des malheureux! Et
puis, va, ce n'est pas l'aumône qui appauvrit.

Encore un mot, mais c'est un mot important, attention! Tu sauras que j'ai
une peur bleue du diable. C'est qu'il est affreux le diable avec sa queue et ses
cornes! Et dire qu'il y a de tes frères qui servent de résidence au diable!....
Comment, tu fais l'étonné! Ah! l'on voit bien que tu es encore jeune. Prie Dieu
seulement pour que tu n'aies jamais à donner l'hospitalité au diable.............

Ecoute, mon mignon, aussitôt qu'un porte-monnaie comme toi s'est vidé de
son dernier sou, immédiatement le diable s'y fourre dedans, oui, mon ami, le
diable en personne; prends bien note de ça! Comprends-tu comme ce serait
honteux pour toi qui es si joli d'avoir un si vilain locataire, et comme ce serait gênant pour moi de vous traîner tous les deux dans ma poche!......

Donc, quand tu n'auras plus que deux ou trois sous, si tu t'aperçois que je
vais tout droit chez la marchande d'oranges, tu me crieras comme ça:«Gare le
diable!» Tu verras comme je battrai en retraite. De cette façon, nous ferons
la nique au diable, n'est-ce pas? Bien.

Maintenant, je vais vite casser ma tirelire et te confier tout ce qu'elle pos-
sède. Le diable te guette déjà, oh! comme nous allons l'attraper!......

(Il sort en courant.)

(Rideau)

MONOLOGUES POUR GARÇONS

LA PREMIÈRE CIGARETTE.....................	0.50 net.	LE DINER DE L'AUVERGNAT	0.50 net.
A MON PREMIER PORTE-MONNAIE.............	0.50 net.	LE NEZ EN PROVERBES.....	0.50 net.
L'UN ETAIT DE BAYEUX ET L'AUTRE DE BAYONNE	0.50 net.	LE PHONOGRAPHE..........	0.50 net.
COMME QUOI TOUT LE MONDE BAT.............	0.50 net.	LE CHAT DU ZOUAVE.......	0.50 net.

DIALOGUES ET SCÈNES POUR GARÇONS

PÈRE HIVER ET ROI PRINTEMPS ......0.50 net. | UN EXAMEN .... 0.50 net.

LES PROVERBES DE CAUTHENLON...0.50 net.

LA CLÉ DES CHAMPS, Ronde pour distribution de prix sur des airs populaires...........0.50 net.

BRAVE ET BRAVACHE

Saynète enfantine pour garçons, 6 Personnages.

Partition Piano et Chant: 3.' net.   Paroles et Musique de G. PERNOT.

Méthode élémentaire de **MUSIQUE VOCALE** par L. GIRARD et H. GAUTIER____
1re Partie: 1.25. net, brochée ___ 2e Partie: 1.50. net, brochée (cartonnage 50c en plus).
Les deux parties réunies et cartonnées: 3.' net.

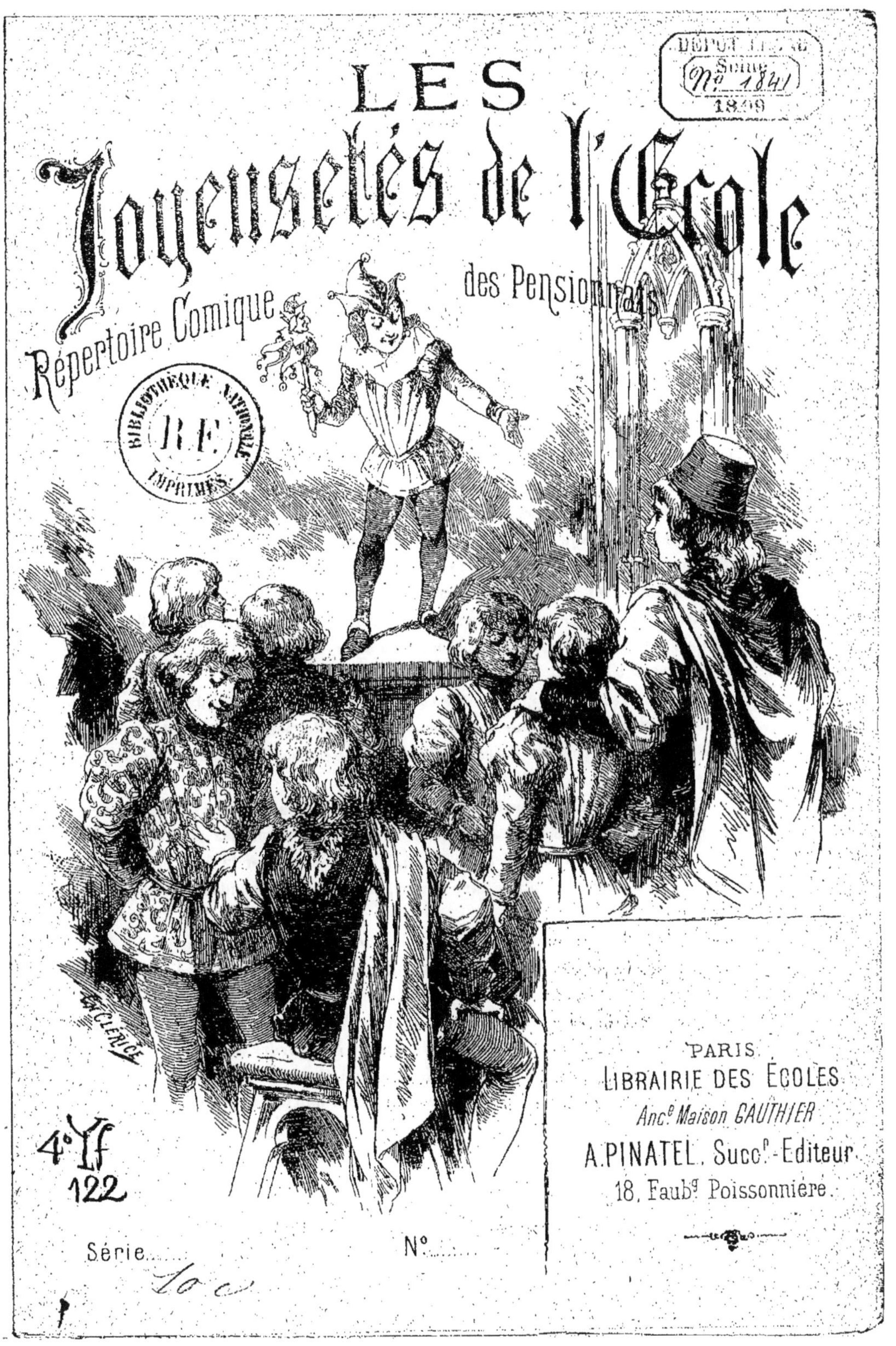

LES
Joyeusetés de l'École
Répertoire Comique
des Pensionnats
PARIS
LIBRAIRIE DES ÉCOLES
Anc.° Maison GAUTHIER
A. PINATEL, Succ.° - Éditeur
18, Faub.g Poissonnière.
4° Yf
122
Série
N°

LES JOYÉUSETÉS DE L'ÉCOLE

LE· DÎNER DE L'AUVERGNAT

MONOLOGUE POUR GARÇON

Prix: 50c net.   **F. PRAZ**

A. PINATEL, Éditeur de Musique, 18, Faub.ᵍ Poissonnière, PARIS.

(L'acteur aura un accoutrement de circonstance, vêtements épais, sabots aux pieds)

On ne le dirait pas en me voyant, mais tel que je chuis chabotté, une bête et moi, cha fait deux, et j'ai de l'echprit comme quatre. J'ai churtout le talent de chiter desproverbes de chirconchtance; cha coule chez moi comme l'eau de chourche. Que voulez-vous, chacun a cha marmotte. Auchi l'on m'invite à toutes les petites fêtes pour égayer la chochiété, car il faut que je vous dige que je chuis connu comme le *houblon*. A table on me donne toujours la plache d'honneur : ch'est juchte, car cl'est moi qui fais le plus d'honneur à la table. Bref je vis j'heureux comme un *coq chuns pattes*.

Tenez, à propos de mes succhès d'echprit, faut que je vous raconte que l'autre jour, je faijais partie d'un grand dîner, oh! mais un dîner, comme dit l'hichtoire, un vrai dîner de *chardine à poil*.

Il y avait d'abord une groche *tête en veau*, puis des lapins en chivet, puis des petits poulets *chautés à l'œil*, puis des chapons *en banquette*, puis des j'baricots verts en chauches blanches, puis des *j'oies en rôti*. Bref, une choupé de choux et un morcheau de lard en pluche, cha aurait été parfait.

Cha n'y fait rien, j'ai mangé comme un *orgue*, et j'ai bu à *tripe larigot*. Oh! cheque que j'ai amujé le monde? Mais pas au commenchement! Vous comprenez, au commenchement je pipais pas mot, car en toute choge, il faut conchidérer la *faim*, et la choif auchi....... On voulait bien me faire caujer, mais moi je répondais: N'éveillez pas le chat qui *mord*.

Une fois lechté, j'ai ouvert le robinet de mon echprit, et cha filait!...Un chertain maladroit répand chon verre chur la nappe: Mon ami, que je lui dis, *quand le vin est tourné, faut pas le boire*. Le même, dans j'un faux mouvement flanque à terre chon achiette, cha fourchette et chon couteau: Déchidément que je lui dis encore, vous tombez de *canif en chix lames*. On riait à *che mordre....*

Une echpèche de grand *Méphitoifélicche*, qui avait les cheveux en *broche* et le nez à *Kilin*, en mangeant chon oie, me prend pour *une* autre, et che met à me lan-

cher des maliches. Oh! j'ai bien vu qu'il n'avait plus choif chelui-là: « Dis donc,
pékin, que je lui dis, est-che que vous me prenez pour un bouc hémichphère? »
Ecoutez che proverbe : « L'echprit qu'on boit de trop gâte chelui qu'on a. » Cha lui a
coupé le *choufflet*. Il était honteux *comme un renard qu'une poule aurait
frit*.

Mais che n'est là que la moitié de mes succhès : entre *le poivre et le
fromage*, tout le monde che met à crier : Monchieu Ferrouillat — car je m'appelle monchieu Ferrouillat — Monchieu Ferrouillat, il faut que vous nous chan-
tiez une chanchonnette. Chaprichti! j'aurais bien chanté, mais je ne chavais
pas la queue d'une chanchon : voilà le *chien dedans!* Mechieux, que je réponds, je chuis un peu comme les merles, *je chiffle bien, mais je ne chante pas*.

Là-dechus, on me réclame un *manologue* pour rire. Bonchoir! je ne chavais pas plus de *manologue* que de chanchons. Ch'était vraiment pour moi le
quart d'heure du *rat pelé*. Un morcheau, criait-on, un morcheau de votre fachon! Mes bons mechieux, que je leur dis, vous chavez que j'egjerche le métier de *chaigneur*, et en fait de morcheaux de ma fachon, je ne connais que le
lard et le chauchichon. On a ri, mais on ch'est pas tenu pour battu. Alors voyant que je ne pouvais pas m'en tirer par mes bons mots, je me lève et je leur
flanque les deux jourches à la tête. Vous connaichez la fable des deux jourches!
Ch'est pas long, la voichi :

(*Solennel*)   Les deux Jourches, fable.

Un ourche blanc chuivait un ourche gris.

Morale.

Les jours che chuivent et che rechemblent pas.

Succhès complet. Tout le monde a crié : Biche! biche!........ Alors, je répète
mon affaire, car, dit le proverbe : *Il faut battre l'œuf frais dans le lait
chaud*. J'ai eu des j'applaudichements à cacher les vitres. J'étais comme
Napoléon chous le choleil d'eau de Chedlitche. Toute la chochiété a voulu
avoir l'honneur de me cherrer la main, et comme ch'était tard, on a bu le coup
de *l'étrille*, chacun a pris la poudre *d'echlanfette*, et je me chuis j'en allé, fier
comme *un turban* et gai comme *un poinchon*.

(*Rideau*.)

<hr>

3986   Mᵐᵉ Maurice-Benoist, Grav. rue St Sauveur, 72.—   Imp. Dupré, rue du Delta, 26

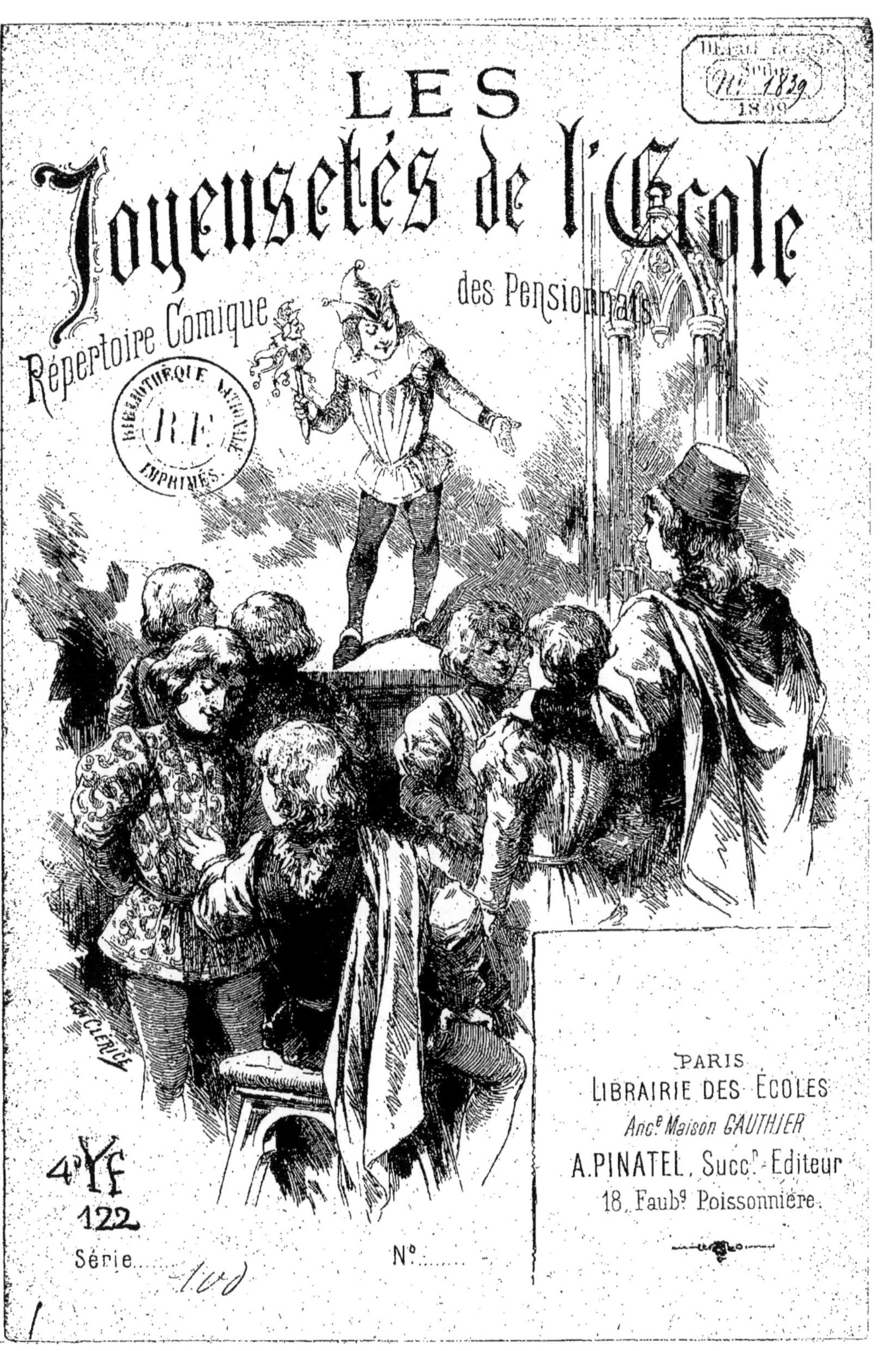

LES
Joyeusetés de l'École
Répertoire Comique
des Pensionnats
PARIS
LIBRAIRIE DES ÉCOLES
Anc.ᵉ Maison GAUTHIER
A. PINATEL, Succ.ʳ Éditeur
18, Faub.ᵍ Poissonnière
4ᵉ Yf
122
Série
N°

COMME QUOI TOUT LE MONDE BAT

MONOLOGUE POUR PETIT GARÇON

Prix: 50^{c.} net.

F. PRAZ

A. PINATEL, Éditeur de Musique, 18, Faub^g Poissonnière, PARIS.

Je suis en herbe un militaire,
Et je prends l'amour du combat
A considérer sur la terre
Comme quoi tout le monde bat.

Le musicien bat la mesure,
Le paysan, comme bois vert,
Bat le blé tant que dure dure,
Et le forgeron bat le fer.

Au lavoir c'est la lavandière
Qui bat le linge avec fracas,
Dans la maison la chambrière
Bat les tapis à tour de bras.

La cuisinière bat de même:
Avec des instincts belliqueux,
La voyez-vous qui bat la crème,
Et bat le beurre et bat les œufs.

Le chasseur, arme en bandoulière
Bat les bois et bat les vallons,
Et les oiseaux sont pris par Pierre
Pendant que Paul bat les buissons.

Les joueurs qu'une table attèle
Battent les cartes, et tandis
Que le facteur bat la semelle,
Le chemineau bat du pays.

A. P. 53

Celui que la besogne effraie
Toujours du pavé bat le seuil,
L'heureux commerçant bat monnaie,
Et le sans-souci s'en bat l'œil.

L'anarchiste qui se démène
Pour forger un monde nouveau,
Que bat-il avec tant de peine,
Avec un bâton il bat l'eau.

Le touriste bat la montagne,
L'un bat cela, l'autre ceci.
On dit qu'à battre la campagne
Beaucoup sont occupés aussi.

Comme moi, chacun le proclame,
Tout bat, ou je n'y vois que bleu;
Le diable même bat sa femme,
Si le soleil rit quand il pleut!...

J'ai battu le côté comique
De mon sujet, et maintenant,
Sur battre, faisons du pratique,
Terminons sérieusement.

Car je suis futur militaire
Et je prends l'amour du combat
A considérer sur la terre
Comme quoi tout le monde bat.

Or, tant qu'on ne pourra pas dire:
« Jusqu'à Berlin, tambour battant,
Enfin la France bat l' empire, »
Moi, je ne serai pas content.......

Mais à grandir je m'évertue.
Espoir! nous battrons les Germains.
Oh! pour cette belle battue,
Commencez à battre des mains!

(Rideau)

A. PINATEL, ÉDITEUR DE MUSIQUE, 18, FAUBOURG POISSONNIÈRE, PARIS.

LES JOYEUSETÉS DE L'ÉCOLE
RÉPERTOIRE COMIQUE DES PENSIONNATS

CHANSONNETTES COMIQUES *avec parlé* (Pr garçons)

SAINT-KOPP, Rira et Gros .... Pr et Ch 50 Ch seul » »
» ...Je demande à vivre .... » 50 » » »
» ...Un géographe à la mode .... » 50 » » »
» ...Si j'étais académicien .... » 50 » » »
» ...Un poète d'occasion .... » 50 » » »
TROJELLI ...L'Ami des chats .... » 50 » » »
BLANGY ...Projets d'un paysan revenant de Paris » » »
PILLON ...Le guignon de Jean Pochet .... » » 50
DORÉ ...Une mésaventure .... » 50 » » »

OUVIER ...Le premier prix d'histoire Pr et Ch 1 » Ch seul » 35
St GERMAIN ...Un amant de la gloire ..... » » » 35
BERSEVILLE ...Le Petit nageur ..... » 50 » »
GRAZIANI ...L'invalide à la tête de bois 1 » » 35
DE ROGET ...Les Étrennes ..... » 50 » »
LIMAGNE ...Le Petit Figaro ..... » 50 » »
» ...Grand-Père ..... » 50 » »
» ...La galette à Jeannot ..... » 50 » »
» ...La tartine ..... » 50 » »

LIMAGNE ...L'Alphabet illustré .... Pr et Ch » 50.

CHANSONNETTES COMIQUES *avec parlé* (Pr Jeunes filles)

DUBOIS ...La petite Bavarde .... Pr et Ch 50 Ch seul » »
SAINT-KOPP ...Ma maîtresse d'école .... » 50 » » »
» ...Quand vous étiez petite fille » 50 » » »
» ...Ce que je ne sais pas .... » 50 » » »
» ...Conseils aux petites filles .... » 50 » » »
» ...Le jour de l'an de Mlle Lili .... » 50 » » »

BERSEVILLE ...Je suis montée en omnibus Pr et Ch 50 Ch seul » »
LIOUVILLE ...Quand je serai majeure ..... » 50 » » »
» ...Ésette ..... » 50 » » »
» ...Trop franche ..... » 50 » » »
» ...Pas exacte ..... » 50 » » »
» ...Très occupée ..... » 50 » » »

LIOUVILLE ...Les Lundis de Mme Plumeau ... Pr et Ch » 50.

DUOS

TRITANT ...Clic, clac, pan, pan .... Pr et Ch 1 Ch seul » »
TROJELLI ...Premier duel .... 1 » » »
GILIS ...Croquemitaine (Scène et Chœur) 1 » » »
» ...Les mirlitons (chœur av. mirlitons) » 50 » »

PINATEL ...La chute d'un âne (chœur à 3 voix) Pr et Ch » 25 Ch seul » »
LIMAGNE ...L'Escapade .... » 50 » »
DEMORTREUX ...Les deux travailleurs .... 2 50 » »
BORDESE ...L'alouette et le laboureur .... 1 » » »

CHANSONNETTES COMIQUES ET ROMANCES (*sans parlé*) (Pr Jeunes filles)

DROUIN ...Les trois quenouillettes .... Pr et Ch 50 Ch seul » »
» ...Boutade d'une écolière .... » 50 » » »
GILIS ...Le Revenant .... » 50 » » »

BERSEVILLE ...La petite Champenoise ..... Pr et Ch 50 Ch seul » »
DUMONT ...Ma petite sœur .... » 50 » »
SPENCER ...Les pendants d'oreilles .... » 50 » »

CHANSONNETTES POUR GARCONS (*sans parlé*) avec Accompagnement de Piano

LIMAGNE ...Haut en bas ou Le Petit Ramoneur Pr et Ch » 50 Ch seul » »
» ...La Ronde des sabots .... » 50 » »
» ...Un Mousse breton .... » 50 » »
» ...Le petit Escamoteur .... » 50 » »
» ...Tant pis, tant mieux .... » 50 » »
GILIS ...Le petit doigt de maman .... » 50 » »
» ...Venez Saint Nicolas .... » 50 » »
» ...J'aurai très bien .... » 50 » »
» ...Le garçon universel .... » 50 » »
» ...Les distractions de Paul .... » 50 » »

GILIS ...Les deux renards .... Pr et Ch » 50 Ch seul » »
SAINT-KOPP ...Quand on est grand ..... » 50 » »
MEINERS ...J'ai quelque chose dans l'plafond 1 » » 35
BERSEVILLE ...Labrioche de grand'maman ..... » 50 » »
LIMAGNE ...Rétameur, raccommodeur ..... » 50 » »
» ...Le gentil parrain ..... » 50 » »
» ...Petit Pierre ..... » 50 » »
» ...La musette du petit Yvon ..... » 50 » »
GEISPITZ ...La ballade du petit élève ..... » 50 » »
MARIETTI ...Le mandat-poste ..... » 50 » »

CHANSONNETTES COMIQUES ET ROMANCES (*sans parlé*) (Pr Jeunes filles ou Garçons)

DORÉ ...Le grand'père prisonnier .... Piano et Chant » 50
GILIS ...A Saint-Nicolas .... » » 50
WALTRE ...La gomme .... » » 50
LIMAGNE ...Chercher, vous trouverez .... » » 50
» ...Le loup et l'agneau .... » » 50
FÉRALD ...Si j'avais un sou .... » » 50

SPENCER ...Le loup et l'escargot .... Piano et Chant » 50
GILIS ...Le Ballon .... » » 50
BOUSQUET ...Le Chardonneret (polka chantée) ..... » » 50
CLÉMENT ...Zim ba da boum .... » » 50
LIMAGNE ...La ronde des sabots .... » » 50
» ...La tartine (avec parlé) .... » » 50

LIMAGNE ...L'alphabet illustré (avec parlé) Piano et Chant » 50.

MONOLOGUES, DIALOGUES, SCÈNES SANS MUSIQUE.

MONOLOGUES (Garçons)

Mes livres de classe .... » 50
Un grand dîner chez nous .... » 50
Une nuit à la campagne .... » 50
Ah! ces leçons! .... » 50
Dans le pays où se demeure .... » 50

L'Uniforme de grand'père .... » 50
Lazare Hoche .... » 50
Chez le commissaire .... » 50
Monsieur le Règlement .... » 50
Ah! la ville! .... » 50
La Comblomanie .... » 50

Retour des examens du bac .... » 50
Le médecin pratique .... » 50
Le charlatan nouveau .... » 50
J'ai vu sur la ronde maoine .... » 50
Le marchand de bonnets .... » 50

MONOLOGUES (jeunes filles)

Qui donc inventa le miroir? .... » 50
Cette pauvre langue! .... » 50
Les petits démons .... » 50

Sensitive .... » 50
Adieu à la Cloche du Pensionnat .... » 50
Maudite fée, va! .... » 50

Grands hommes et grandes femmes .... » 50
Si j'étais cuisinière .... » 50
Patati, patata! .... » 50

Gronderie à ma poupée .... » 50. | Qui est-ce qui a fait le programme? ... » 50.

DIALOGUES ET SCÈNES (pour Garçons)

Le Houdeur (4 personnages) .... » 50
La Police prophète (plusieurs pers) .... » 50
Casseur provençal et casseur gascon (dialogue) » 50

La pipe et le journal (dialogue) » 50
Le sourd et le médecin » » 50
La Gesticulomanie » » 50

Une tombola amusante (scène) .... » 50
Le vin et l'eau (dialogue) .... » 50
Une leçon de littérature (dialogue) .... » 50

L'Hyperbolâtrie (dialogue) ...... » 50 | La Fontaine en comédie (scène) .... » 50

DIALOGUES ET SCÈNES (pour jeunes filles)

La Fontaine comique (scène, plusieurs personnages) .... » 50 | Le Chat en proverbes (scène, plusieurs personnages) .... » 50
Une dispute en calembourgs (dialogue) » 50 | Les félicités de la mauvaise humeur (dialogue) » 50 | L'art de complimenter... (dialogue) » 50
Les mauvais tours de la distraction » » 50 | Un dîner sur l'herbe .... » » 50 | Dire qu'une lettre m'embarrasse » » 50
Les deux petites mamans (dialogue) .... » 50.

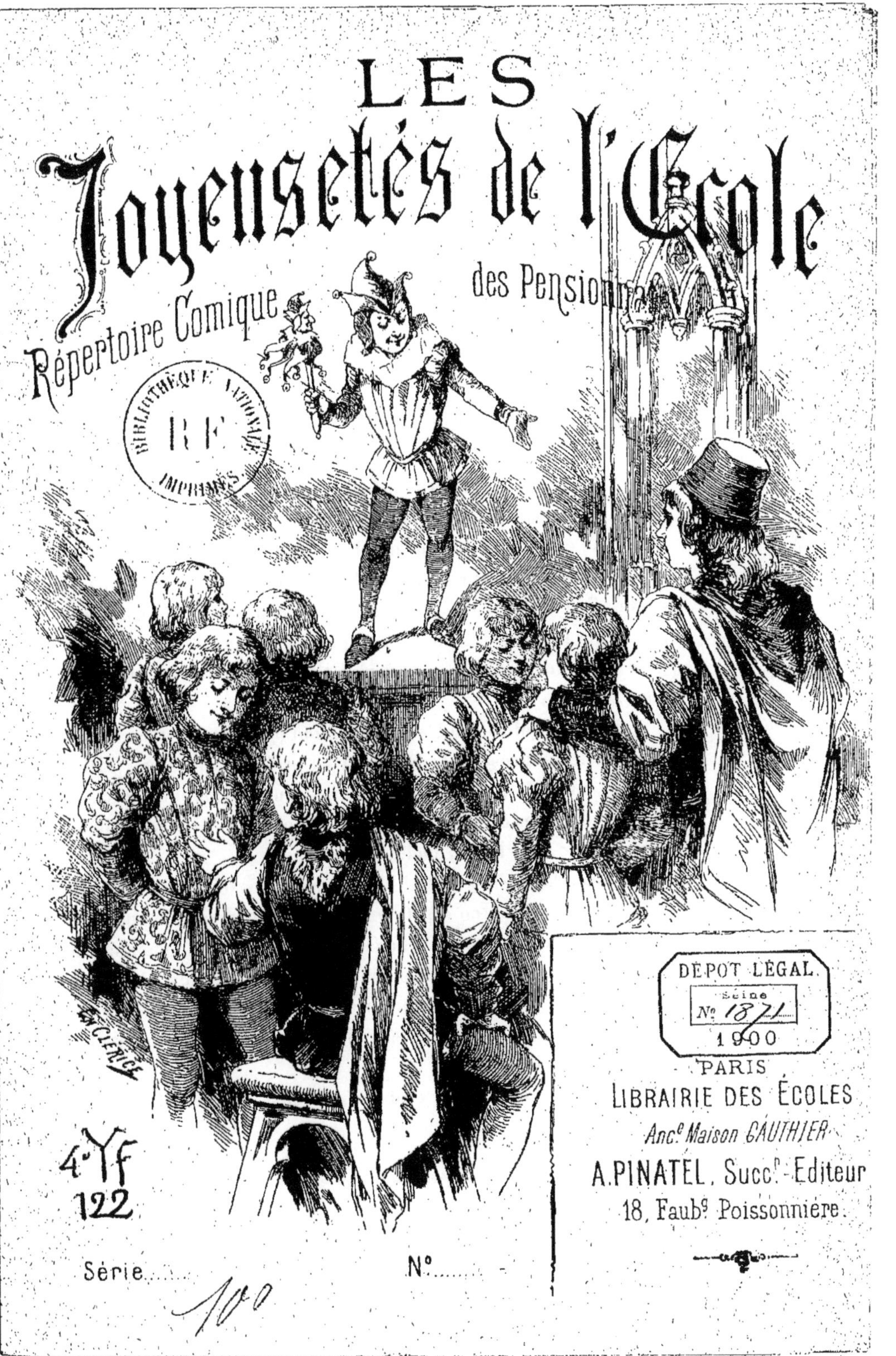

LES
Joyeusetés de l'École
Répertoire Comique
des Pensionna...
BIBLIOTHÈQUE NATIONALE
RF
IMPRIMÉS
H. CLERICE
4.Yf
122
Série...... N°......
DÉPOT LÉGAL
Seine
N° 1871
1900
PARIS
LIBRAIRIE DES ÉCOLES
Anc.ᵉ Maison GAUTHIER
A. PINATEL, Succ.ʳ Editeur
18, Faub.ᵍ Poissonnière.

LES JOYEUSETÉS DE L'ÉCOLE

OÙ DONC QU'IL EST LE CLOU DE L'EQCHPOGICHION?

MONOLOGUE AUVERGNAT

Prix: 50 ? net.

F. PRAZ

A. PINATEL, Editeur de Musique, 18, Faub^g Poissonnière, PARIS.

(L'acteur sera vêtu autant que possible à la manière des Auvergnats.)

Donc, je chuis j'allé à l'Eqchpogichion de dige-neuphe - chent. Oh! che n'est pas que je chois enthougiachte des j'eqchpogichions, non. Une eqchpogichion, qu'est-che que ch'est? Ch'est une affaire qu'on y fait voir les produits de l'art et de la chienche. De la chienche, j'en chais achez pour egjercher mon métier de charpentier. Pour la quechtion de l'art, je préfère chelui qui donne chi bon goût à la choupe aux choux, et plus j'il est ranche, mieux cha vaut......

Il y en a qui vont à l'eqchpogichion pour ch'amuger et voir dancher les nègres. Est-che qu'on ne peut pas ch'amuger partout? J'aime autant la bourrée de chez moi que les rigodons des chanvages, et il y a des chevaux de bois en Auvergne auchi bien qu'en Franche et même qu'à Paris, quelle bêtige!

Donc, chi je chuis j'allé à l'eqchpogichion, voichi che qui m'y attirait: ch'était che qu'on dijait de mirobolant chur une choge qu'on n'avait jamais rien vu de pareil; on chantait chur tous les tons que che qu'il y avait de plus beau, de plus phrénoménal, de plus j'épatant, ch'était un clou, mais j'un clou qui enfonchait tout le rechte...... Et vous j'autres, vous j'avez bien entendu parler j'auchi du fameux clou de l'eqchpogichion?

Chaprichti, que je me chuis dit, che clou, cha doit être quelque

choge de magique! Est-che en or machif ou en *albuminium?* Quelle
est cha grocheur et de quelle fachon enfonche-t-il l'eqchpogichion?
.... Enfin, che clou, je l'avais planté dans ma tête et je ne pouvais
pas me l'en arracher.

Ch'est alors que je me chuis déchidé j'à aller à Paris. J'arrive; je fais le tour de l'eqchpogichion,.... point de clou! Je revigite
toute l'eqchpogichion de fond qu'à chîme, mais j'avais beau m'*écarpil-
ler* les j'yeux, mon clou ne paraîchait pas. Bonchoir, j'avais pourtant
fait la dépenche, et je ne voulais pas m'en retourner bardouille! Je
demandais à tout le monde : Où donc qu'il est le clou de l'eqchpogichion? Les j'uns me dijaient : Attendez, il va pacher! Les j'autres me
riaient dans le nez, ches j'imbéchiles!....

Il y a même une echpèche d'échappé de Bichêtre qui m'a montré
très chérieugemont une grande roue de fer qui voiturait du monde en
l'air. Il me dijait que ch'était cha le clou de l'eqchpogichion.—Chette
grande roue qui tourne, ch'est cha que vous j'appelez un clou,» que je lui
réponds! Je n'ai pas inchichté; j'ai bien vu que la tête de chelui qui me
parlait faijait un peu comme la roue. Nous chommes dans j'un chiècle
où il n'y a pas que les roues qui tournent.....

Enfin bref, je n'ai pas plus vu de clou que chous mes chabots
quand ils chont neufs! Je me chuis *renvenu* furieux commeunplein
chac de chats! Ah! chi j'avais tenu chelui qui le premier a lanché
chette bourde du clou de l'eqchpogition, ch'est moi qui le lui aurais
rivé chon clou! Ne m'ont-y pas enfonché de chinquante-ching francs
et chept chous avec leur clou!... Fouchtra de fouchtrrra! ils n'y re-
pincheront à leurs j'eqchpogichions!... Après chelle dé dige-neuphe-
chent, ils peuvent en faire une en vingte-chent, du diablo ch'y m'y
revoyent !!.....

(Rideau)

MÉTHODE ÉLÉMENTAIRE DE MUSIQUE VOCALE (50ᵉ édition) par *GIRARD et GAUTIER*
1ᵉ Partie, brochée 1ᶠ 25 net, cartonnée 1ᶠ75.net 2ᵉ Partie, brochée 1ᶠ50 net, cartonnée 2ᶠ net L'ouvrage complet
cartonné 3ᶠ net

Mᵐᵉ Maurice-Benoist, Grav. rue St Sauveur,72.   Imp. Dupré, rue du Delta, 2ᵉ

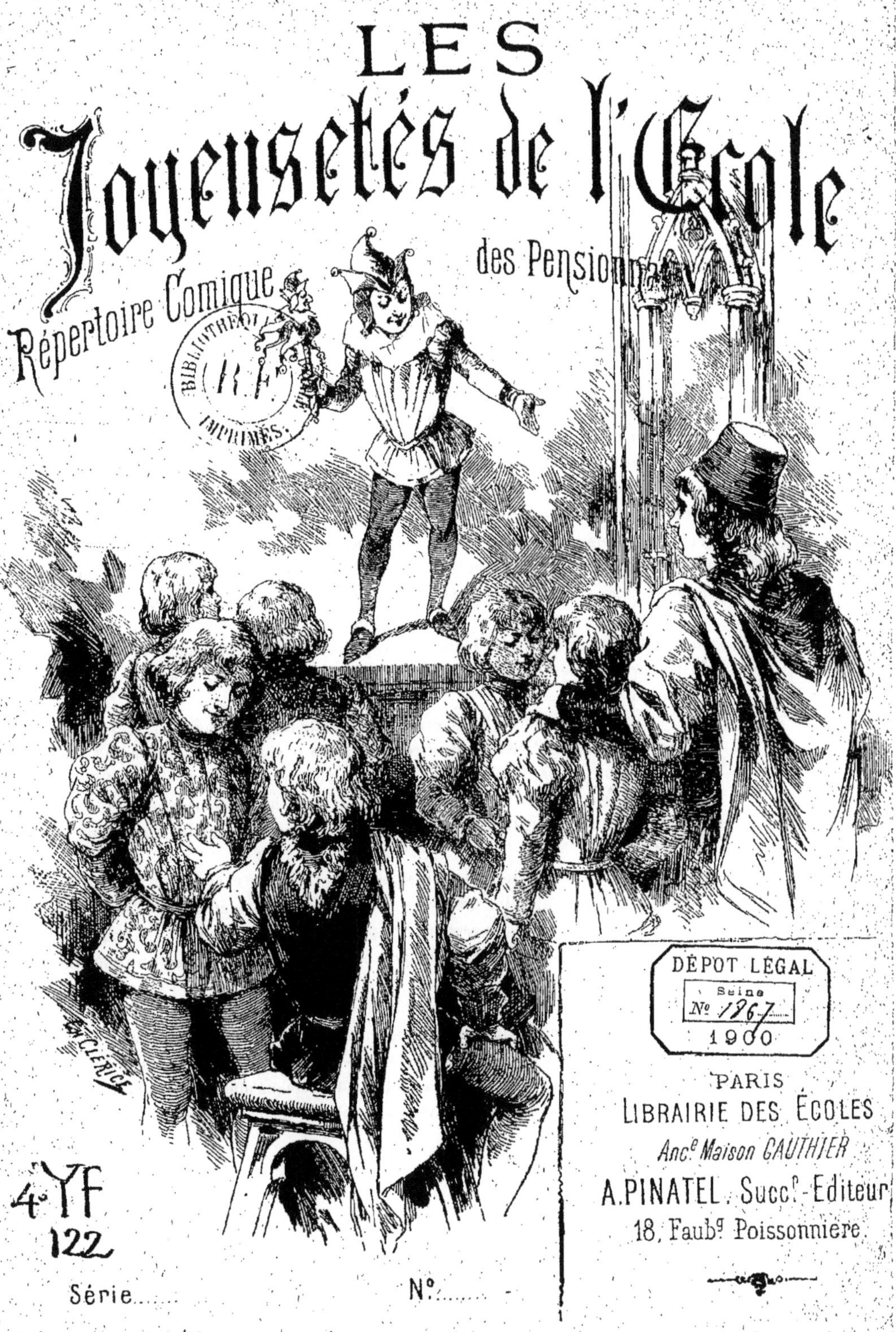

LES
Joyeusetés de l'École
Répertoire Comique
des Pensionnats
BIBLIOTHÈQUE
R F
IMPRIMÉS
DÉPOT LÉGAL
Seine
No 1867
1900
PARIS
LIBRAIRIE DES ÉCOLES
Ancne Maison GAUTHIER
A. PINATEL, Succr-Editeur
18, Faubg Poissonnière
4e YF
122
Série......   No......

LES JOYEUSETÉS DE L'ÉCOLE

ÉCOUTEZ-MOI ÇA, PROFESSEURS D'ARITHMÉTIQUE!

MONOLOGUE POUR ÉCOLIER

Prix: 50 c. net.

F. PRAZ

A. PINATEL, Éditeur de Musique, 18, Faub.^g Poissonnière, PARIS.

Voici comment on devrait nous enseigner l'arithmétique. Mais d'abord qu'est-ce que l'arithmétique? C'est une science qui n'est pas commode, et que le maître transvase difficilement de sa tête dans la nôtre. C'est bien la meilleure définition que je puisse lui donner, car enfin, dans ses additions, ses soustractions, ses multiplications, ses divisions, ses fractions, ses progressions, ses opérations et ses démonstrations et tous les noms en *cions* qui feraient mieux de se terminer par *scie* nous n'y entendons rien, nous autres: il y a trop d'abstraction là-dedans; c'est au-dessus de notre compréhension et de notre attention, malgré notre application.

Or, pour nous faciliter l'étude de l'arithmétique, je vais livrer un moyen de mon *invention* à tous les instituteurs, professeurs, précepteurs, répétiteurs &. Je leur promets des merveilles de progrès chez leurs élèves, s'ils veulent bien adopter ce système.

Voici donc comment on devrait nous enseigner l'arithmétique. Pour l'addition, par exemple. Au lieu de nous dire: Quelle est la somme de 93 et de 82?.. on nous dira: Voici deux cornets de dragées; l'un en contient 93, et l'autre 82. Le premier qui aura trouvé la somme des dragées aura le plus gros cornet, et le second aura le plus petit. Je vous prie de croire qu'on ne sera pas long à fournir le total exact........

Pour la soustraction, le maître nous apportera par exemple, un panier de pommes, et nous dira: Voici un panier de 50 pommes; vous êtes 25 et j'en donne à chacun une, combien vous en restera-t-il pour demain?...C'est rare si le plus borné ne comprendra pas tout de suite qu'il pourra encore en croquer une le lendemain...

Pour nous faire saisir la multiplication, on se servira, si vous voulez, de billes, vous savez les petites billes à jouer. Le maître étalera devant nous 5 petits sacs de billes et nous dira ceci: Ces billes, mes enfants, je vais vous les distribuer; dès que vous saurez combien il y en a en tout, étant donné que chacun des 5 petits sacs en renferme 60. Entendez-vous pleuvoir les réponses *(Vite)* trois cents, trois cents, trois cents!......

Pour la division, on opère sur des cerises, ou des poires, ou des prunes, ou des abricots ou des pêches, ça dépend de la saison. Le jour donc où le maître voudra nous faire comprendre le mécanisme de la division, il s'amènera en classe avec, par exemple, une corbeille de pêches : « Mes amis, dira-t-il, voici des pêches. Il y en a 72, que j'ai envie de vous partager en nombre égal. Or, vous êtes 18, combien en aurez-vous chacun ?... »

Immédiatement, chacun en prend une d'abord. Comme il en reste, chacun en prend une seconde ; comme il en reste, chacun en prend une troisième ; comme il en reste, chacun en prend une quatrième. Comme il n'en reste plus, la réponse est 4. C'est pas malin à comprendre de cette façon-là. Pour le reste de l'opération qui consiste à faire disparaître les pêches, ça, pas besoin d'explication !...

Quant à nous faire bien toucher du doigt la manigance des fractions, c'est-à-dire des parties de l'unité, ça, c'est tellement embrouillé que la clarté de la démonstration nécessitera au moins la présence d'un gâteau, d'un gros gâteau !

Le maître attrape son couteau et le partage en deux parties égales. Tout le monde dira : « Chaque partie est la moitié du gâteau. » Il recoupe chaque moitié encore en deux parties égales. Tout le monde dira : Chaque morceau est maintenant quatre fois plus petit que l'unité ou le gâteau. Il *recoupe* encore en deux parties égales chaque quart du gâteau, et chacun verra bien que les nouveaux morceaux seront huit fois plus petits que le gâteau.... Et ainsi de suite jusqu'à ce qu'il y ait un morceau pour chaque élève. Comprenez-vous le système ?......

Par ce procédé-là, ce nœud gordien des fractions deviendra un *morceau* facile à avaler, et une fois cette théorie bien digérée, il n'y en a plus que pour une bouchée du reste de l'arithmétique.

Voilà un enseignement qui serait goûté, au moins, celui-là, je vous assure.

Les professeurs se plaignent des difficultés qu'ils ont à nous faire mordre aux mathématiques, rien d'étonnant : ils ne prennent pas le bon chemin. Mais qu'ils emploient donc mon système, ils verront si nous ne *mordons* pas !!......

(Rideau)

1015. Mme Maurice Benoist, G^r, rue St Sauveur, 72.　　　　Imp. Dupré, rue du Delta, 26.

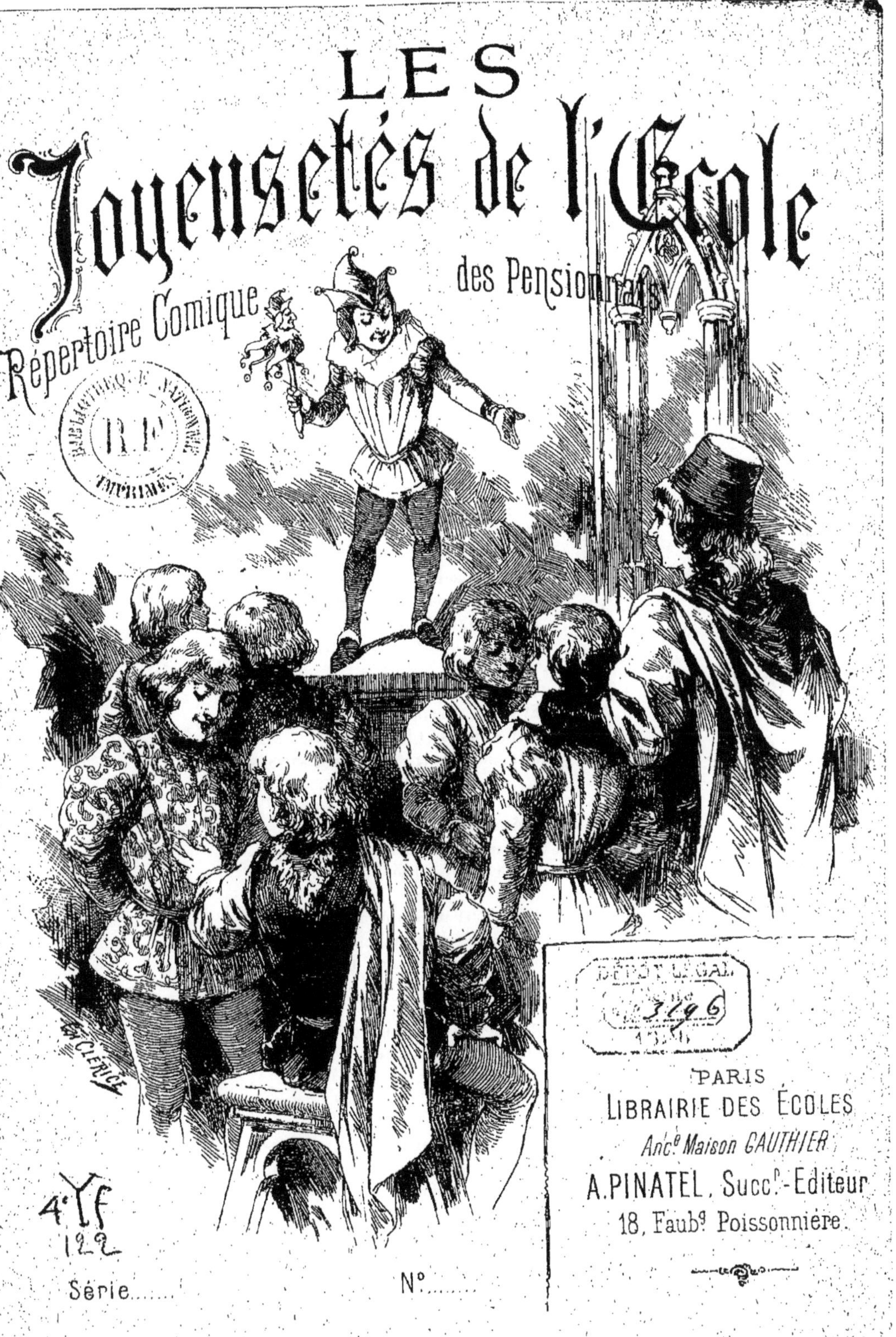

LES
Joyeusetés de l'École
Répertoire Comique
des Pensionnats
PARIS
LIBRAIRIE DES ÉCOLES
Ancⁿᵉ Maison GAUTHIER
A. PINATEL, Succʳ-Editeur
18, Faubᵍ Poissonnière
Série......
Nᵒ......

LES JOYEUSETÉS DE L'ÉCOLE

LE MÉDECIN PRATIQUE
ou
CE QU'IL FAUT PRENDRE

MONOLOGUE POUR GARÇON

Prix: 50° net.   F. PRAZ

A. PINATEL, Editeur de Musique, Faub.^g Poissonnière,18,PARIS.

La médecine est la science
Qui prétend guérir de tout mal,
Et c'est un fait d'expérience
Qu'elle n'y réussit pas mal.

Car tout malade pour revivre
Des médecins veut le secours,
Et la drogue, alors, le délivre
Du poids des douleurs et....des jours.

Vraiment, nous sommes trop crédules,
Et si pour jamais nous laissions
Et les sirops et les pilules,
Ah! que de longs jours nous aurions!

Voulez-vous un docteur pratique
Qui ne promet pas de guérir,
Mais qui du moins _c'est magnifique_
Ne vous fera jamais mourir?

Voici. Tâchez de bien m'entendre,
Car si l'on prenait de tout temps
Tout ce que j'ordonne de prendre,
Que d'hommes iraient à cent ans!

Est-ce que le travail vous lasse,
Transpirez-vous à tout propos,....
En attendant que cela passe,
Prenez.....quelques jours de repos.

Avez-vous maux de dents, migraines,
Eh bien je crois que le plus court,
C'est de prendre....beaucoup de graines
De patience nuit et jour.

Aujourd'hui, mon pauvre Léandre,
A table, vous boudez sans faim,
Ce n'est rien, mais tâchez de prendre....
Un peu d'appétit pour demain.

Quand vous éprouvez un malaise
A ne pouvoir rester sur pied,
Il faut vite prendre.... une chaise:
Dans ce cas, toujours on s'assied.

Avez-vous au cerveau, Clitandre,
Un gros rhume, un rhume de bœuf,...
Pour ça, le meilleur c'est de prendre....
Tous les matins, un mouchoir neuf.

Rhumatisants que la souffrance
Cloue au lit, vraiment, je vous plains!
Prenez un peu....... de l'endurance
Et votre courage à deux mains.

Pour vous, nerveux, que tout irrite,
Qu'un rien fait sauter au plafond,
Le mieux, c'est de prendre bien vite
Le temps et les gens comme ils sont.

Quelle que soit la maladie,
Quand la machine ne va plus,
Alors tâchez, pour votre vie,
Tâchez de prendre..... le dessus.

Si, malgré tout, le mal s'aggrave,
Et si la mort chez vous frappait,
Il faut prendre....... son sort en brave,
Et vite faire son paquet.

Avez-vous compris ma doctrine?...
C'est ce qui fait le plus de bien.
De grâce, pas de médecine,
Sinon je ne réponds de rien.

Si l'on usait de ma méthode,
Tous, indigents, richards idem,
On verrait bientôt à la mode
Des âges de Mathusalem.

Des siècles les hommes bibliques
Vivaient le corps et l'esprit sains;
La raison c'est qu'aux temps antiques,
On n'avait pas de médecins.

387.4   Mme Maurice-Benoist, Grav. rue St Sauveur, 72.   Imp. Dupré, rue du Delta, 28

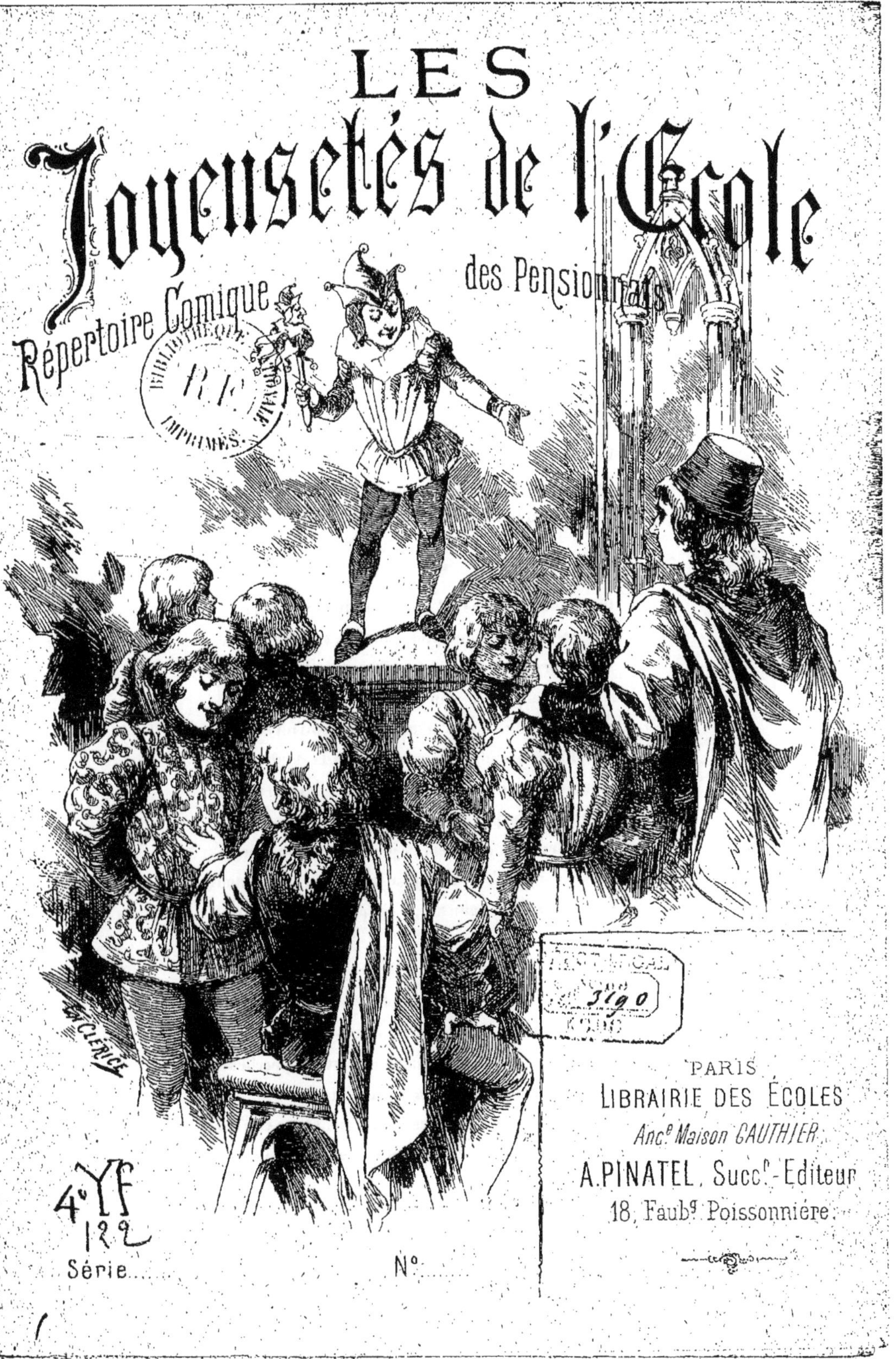

LES
Joyeusetés de l'École
des Pensionnats
Répertoire Comique
Gal CLERICE
PARIS
LIBRAIRIE DES ÉCOLES
Anc.ᵉ Maison GAUTHIER
A. PINATEL, Succ.ʳ-Editeur
18, Faub.ᵍ Poissonnière
4ᵉ
Série
N°

LES JOYEUSETÉS DE L'ÉCOLE

LE MARCHAND DE BONNETS

MONOLOGUE POUR GARÇON

Prix: 50¢ net.

F. PRAZ

A. PINATEL, Editeur de Musique, 18, Faub? Poissonnière, PARIS.

Au pays des Kroumyrs, là-bas en Tunisie,
Un colporteur du lieu, chargé comme un baudet,
Voyageait, dos plié sous sa hotte remplie:
C'étaient des bonnets turcs que le marchand vendait.

Or, un jour, traversant un grand bois solitaire,
Las et n'en pouvant plus sous le soleil de feu,
A l'ombre d'un gros arbre il met sa balle à terre,
S'allonge auprès, _ afin de reposer un peu _
S'étant caché le nez d'une de ses coiffures,
Du plus profond sommeil il goûta la douceur.
Combien de rêves d'or, d'agréables peintures
Visitèrent l'esprit de notre heureux dormeur?..
L'histoire n'en dit rien, et je n'en puis rien dire
Mais je sais qu'on lui brasse un tour vraiment nouveau,
Et qu'au réveil, pour sûr, c'est pas lui qui va rire.

Quand il rouvrit les yeux...ah!grands dieux,quel tableau!
Il vit son arbre noir, noir de singes en fête,
Grimaçants et railleurs sur les rameaux perchés
Et qui portaient,hélas! sa fortune à leur tête,
Car de ses bonnets turcs ils s'étaient tous coiffés.
Toute vide à ses pieds sa balle ouvrait la bouche.

A. P. 3873

Le marchand furieux les menace du poing,
Et montre à ces larrons une mine farouche....
Ses gestes sont par eux refaits de point en point.
Il se tord comme un fou, pousse des cris atroces...
Les singes comme mus par le même ressort
Se tordent à leur tour, et de leurs voix féroces,
Ils font trembler les airs et les bois où tout dort;
Mais ils gardent toujours leurs bonnets sur le crâne.
Alors le malheureux s'assied d'abattement
Sous les yeux des voleurs dont la troupe ricane:
"Volé! je suis volé!" dit-il, en sanglotant,
O mes bonnets, mon bien, ma fortune!...Que faire?
Traîtres, voleurs, bandits, ah! si je vous tenais!..

. . . .

Pauvres bonnets perdus! Je n'ai plus rien sur terre!
Ils m'ont pris mon trésor, ils m'ont pris mes bonnets!!
Le marchand voit les siens tendre la main pour vivre...
Anéanti, le front dans ses deux mains voilé,
Il songe aux quolibets dont on va le poursuivre,
Quand on dira partout:« Les singes l'ont volé.»

Soudain, il s'est levé d'un mouvement rapide.
Et, vouant aux enfers tous ces noirs scélérats,
Il saisit son bonnet, et, dans sa hotte vide,
Le jette de dépit....Aussitôt, patatras,
Ses bonnets au panier du ciel tombent en pluie,
(Et sa fortune avec) par les singes lancés.

. . . .

A voir ses chers bonnets dans sa balle remplie,
L'homme était si content qu'il les eût embrassés,
Non pas les bonnets turcs, mais les singes honnêtes;
Car bien souvent, à ceux qui sont assez benêts
Pour se laisser voler par d'autres que des bêtes,
On ne rend pas ainsi qu'au marchand de bonnets.

Mme Maurice-Benoist, Grav. rue St Sauveur, 72.   Imp. Dupré, rue du Delta, 26.

A. PINATEL, ÉDITEUR DE MUSIQUE, 18, FAUBOURG POISSONNIÈRE, PARIS.

LES JOYEUSETÉS DE L'ÉCOLE
RÉPERTOIRE COMIQUE DES PENSIONNATS

CHANSONNETTES COMIQUES *avec parlé* (P! garçons)

Auteur	Titre	P° et Ch:	Ch: seul
SAINT-KOPP	Bêtes et Gens	»50	» »
»	Je demande à vieillir	»50	» »
»	Un géographe à la mode	»50	» »
»	Si j'étais académicien	»50	» »
»	Un poète d'occasion	»50	» »
TROJELLI	L'Ami des chats	»50	» »
BLANGY	Projets d'un paysan revenant de Paris	» »	»50
PILLON	Le guignon de Jean Pochet	» »	»50
DORE	Une mésaventure	»50	» »
OUVIER	Le premier prix d'histoire	1 »	»35
S! GERMAIN	Un amant de la gloire	» »	»35
BERSEVILLE	Le Petit nageur	»50	» »
GRAZIANI	L'Invalide à la tête de bois	1 »	»35
DE ROGET	Les Étrennes	»50	» »
LIMAGNE	Le Petit Figaro	»50	» »
»	Grand-Père	»50	» »
»	La galette à Jeannot	»50	» »
»	La tartine	»50	» »

LIMAGNE..L'Alphabet illustré .... P° et Ch: »50.

CHANSONNETTES COMIQUES *avec parlé* (P! Jeunes filles)

Auteur	Titre	P° et Ch:	Ch: seul
DUBOIS	La petite Bavarde	»50	» »
SAINT-KOPP	Ma maîtresse d'école	»50	» »
»	Quand vous étiez petite fille	»50	» »
»	Ce que je ne sais pas	»50	» »
»	Conseils aux petites filles	»50	» »
»	Le jour de l'an de Mlle Lili	»50	» »
BERSEVILLE	Je suis montée en omnibus	»50	» »
LIOUVILLE	Quand je serai majeure	»50	» »
»	Zézette	»50	» »
»	Trop franche	»50	» »
»	Pas exacte	»50	» »
»	Très occupée	»50	» »

LIOUVILLE....Les Lundis de Mme Plumeau..P° et Ch: 50.

DUOS

Auteur	Titre	P° et Ch:	Ch: seul
TRITANT	Clic-clac, pan, pan	1 »	» »
TROJELLI	Premier duel	1 »	» »
GILIS	Croquemitaine (Scène et Chœur)	1 »	» »
»	Les mirlitons (chœur av. mirlitons)	»50	» »
PINATEL	La chute d'un âne (chœur à 3 voix)	»25	» »
LIMAGNE	L'Escapade	»50	» »
DEMORTREUX	Les deux travailleurs	2.50	1 »
BORDESE	L'alouette et le laboureur	1 »	» »

CHANSONNETTES COMIQUES ET ROMANCES *(sans parlé)* (P! Jeunes filles)

Auteur	Titre	P° et Ch:	Ch: seul
DROUIN	Les trois quenouillettes	»50	» »
»	Boutade d'une écolière	»50	» »
GILIS	Le Revenant	»50	» »
BERSEVILLE	La petite Champenoise	»50	» »
DUMONT	Ma petite sœur	»50	» »
SPENCER	Les pendants d'oreilles	»50	» »

CHANSONNETTES POUR GARÇONS *(sans parlé)* avec Accompagnement de Piano

Auteur	Titre	P° et Ch:	Ch: seul
LIMAGNE	Haut ou bas ou Le Petit Ramoneur	»50	» »
»	La Ronde des sabots	»50	» »
»	Un Mousse breton	»50	» »
»	Le petit Escamoteur	»50	» »
»	Tant pis, tant mieux	»50	» »
GILIS	Le petit doigt de maman	»50	» »
»	Venez Saint Nicolas	»50	» »
»	J'aurai très bien	»50	» »
»	Le garçon universel	»50	» »
»	Les distractions de Paul	»50	» »
GILIS	Les deux regards	»50	» »
SAINT-KOPP	Quand on est grand	»50	» »
MEINERS	J'ai quelque chose dans l'plafond	1 »	»35
BERSEVILLE	La brioche de grand'maman	»50	» »
LIMAGNE	Rétameur, raccommodeur	»50	» »
»	Le gentil parrain	»50	» »
»	Petit Pierre	»50	» »
»	La musette du petit Yvon	»50	» »
GEISPITZ	La ballade du petit clerc	»50	» »
MARIETTI	Le mandat-poste	»50	» »

CHANSONNETTES COMIQUES ET ROMANCES *(sans parlé)* (P! Jeunes filles ou Garçons)

Auteur	Titre		Prix
DORE	Le grand'père prisonnier	Piano et Chant	»50
GILIS	À Saint-Nicolas	»	»50
WALTRE	La gamme	»	»50
LIMAGNE	Cherchez, vous trouverez	»	»50
»	Le loup et l'agneau	»	»50
FERALD	Si j'avais un sou	»	»50
SPENCER	Le loup et l'escargot	Piano et Chant	»50
GILIS	Le Ballon	»	»50
BOUSQUET	Le Chardonneret (polka chantée)	»	»50
CLÉMENT	Zim ba da boum	»	»50
LIMAGNE	La ronde des sabots	»	»50
»	La tartine (avec parlé)	»	»50

LIMAGNE....L'alphabet illustré (avec parlé) Piano et Chant »50.

MONOLOGUES, DIALOGUES, SCENES SANS MUSIQUE.

MONOLOGUES (Garçons)

Titre	Prix	Titre	Prix	Titre	Prix
Mes livres de classe	»50	L'uniforme de grand'père	»50	Retour des examens du bac	»50
Un grand dîner chez nous	»50	Lazare Hoche	»50	Le médecin pratique	»50
Une nuit à la campagne	»50	Chez le commissaire	»50	Le charlatan nouveau	»50
Ah! les leçons!	»50	Monsieur le Règlement	»50	Z'ai vu sur la ronde macine	»50
Dans le pays où se demeure	»50	Ah! la ville!	»50	Le marchand de bonnets	»50
		La Comblomanie	»50		

MONOLOGUES (jeunes filles)

Titre	Prix	Titre	Prix	Titre	Prix
Qui donc inventa le miroir?	»50	Sensitive	»50	Grands hommes et grandes femmes	»50
Cette pauvre langue!	»50	Adieux à la Cloche du Pensionnat	»50	Si j'étais cuisinière	»50
Les petits démons	»50	Maudite fée, va!	»50	Palati, patata!	»50

Grouderie à ma poupée..... »50. | Qui est-ce qui a fait le programme?... »50.

DIALOGUES ET SCENES (pour Garçons)

Titre	Prix	Titre	Prix	Titre	Prix
Le Boudeur (4 personnages)	»50	La pipe et le journal (dialogue)	»50	Une tombola amusante (scène)	»50
La Police prophète (plusieurs pers)	»50	Le sourd et le médecin	»50	Le vin et l'eau (dialogue)	»50
Casseur provençal et casseur gascon (dialogue)	»50	Du Gesticulomanie	»50	Une leçon de littérature (dialogue)	»50

L'Hyperbolitrie (dialogue)......»50 | La Fontaine en comédie (scène)....»50

DIALOGUES ET SCÈNES (pour jeunes filles)

Titre	Prix	Titre	Prix
La Fontaine comique (scène, plusieurs personnages)	»50	Le Chat en proverbes (scène, plusieurs personnages)	»50
Une dispute en catimborgs (dialogue)	»50	Les félicités de la mauvaise humeur (dialogue)	»50
Les thalirais tous du la distraction	»50	Un dîner sur l'herbe	»50
		Dire qu'une lettre m'embarrasse	»50

Les deux petites mamans (dialogue).....»50.

A.P. 3804.

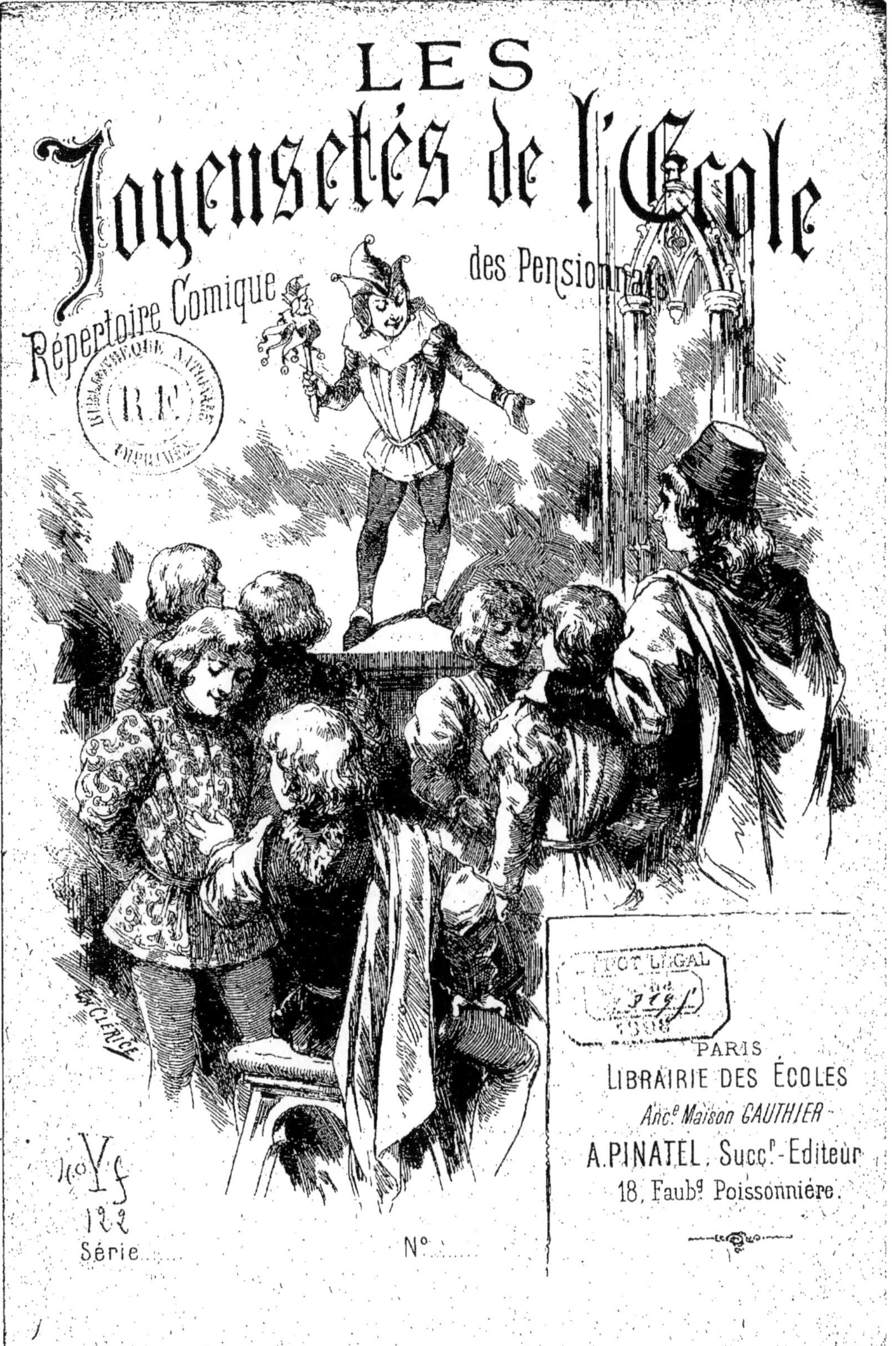

LES
Joyeusetés de l'École
Répertoire Comique
des Pensionnats
PARIS
LIBRAIRIE DES ÉCOLES
Anc.e Maison GAUTHIER
A. PINATEL, Succr.-Editeur
18, Faubg. Poissonnière.
Série
No

LE CHARLATAN NOUVEAU

SCÈNE COMIQUE POUR GARÇONS

Prix: 50ᶜ net.   F . PRAZ

A. PINATEL, Éditeur de Musique, 18, Faub.ᵍ Poissonnière, PARIS.

(Dans les écoles où on le peut facilement, comme dans les pensionnats, il sera bon d'employer le tambour pour cette scène.)

(Roulement de tambour, tandis que le charlatan déballe sur une table une caisse de fioles.)

(Coup de sonnette) — Messieurs, vous avez devant vous le médecin le plus savant, le plus étonnant, le plus ébouriffant, le plus épatant qui soit dans l'univers et ailleurs.

Mon nom est **Barfailla - Rigolamus**.

Je suis l'ami des enfants et j'ai déjà visité les écoles des cinq parties du monde, de l'Europe, de l'Afrique, de l'Amérique et de l'Océanie. Je n'ai plus que cet établissement à voir.

> *(Vite)*   Je guéris les maux de dents,
>
> Je guéris les maux dehors,
>
> Je guéris les impotents
>
> Et rends la vie aux morts. *(Tambour)*

Cette fiole, mes amis, fait évacuer tous les vers, même ceux des poètes. Celle-ci fait évacuer les hannetons du plafond.

> Quel est cet étourdi
>
> Qui rit
>
> De ce que je dis?

Je n'entends pas qu'on se moque de *ma fiole.*

Approchez donc, tous les malades, ceux qui ont des migraines, et ceux qui ont des graines; ceux qui sont manchots d'un œil et ceux qui ont tourné l'œil.

Mon remède, je ne le vends pas *(Très vite)* cent francs, vingt francs, dix francs; pas même cinq francs, pas même un franc. Je le vends la bagatelle de dix centimes, deux sous. Approchez, je vais servir. *(Roulement de tambour)*.....*(Coup de sonnette)* Personne n'en veut! Tant mieux. Je suis très heureux qu'il n'y ait ici que des enfants jouissant d'une parfaite santé physique.

Mais, chers élèves, ma spécialité n'est pas seulement de tuer les maladies du corps, j'ai encore des spécifiques souverains contre les petits travers de caractère. Tous les

                    A . P. 387?

défauts ordinaires au charmant petit peuple des écoles, je les arrache comme les dents et comme les vers, et j'en ai rempli des bouteilles à faire trembler Messieurs vos professeurs. *(Bran.)*

Je guéris *(très vite)*:

L'étourderie,	la vantarderie,	et toute la série
la bouderie,	la poltronnerie,	de la catégorie
la coquetterie,	la moquerie,	des maladies
la bavarderie,	la chicanerie,	en ie.

Je vois un petit garçon qui aurait bien besoin de cette drogue pour le guérir de sa chuchoterie. *(Bran)*

Cet élixir merveilleux qui guérit tous les travers de caractère, tous les défauts des enfants, et dont la moindre goutte serait à peine assez payée par tout l'or du Pérou, cet élixir, savez-vous combien je le vends *(Très vite)* Ce n'est pas cent francs, vingt francs, dix francs; pas même cinq francs, pas même un franc. C'est la bagatelle de quinze centimes, trois sous. Allons, approchez *(Très vite)* les flâneurs, les hâbleurs, les chicaneurs, les railleurs, les moqueurs, les disputeurs, les querelleurs, les boudeurs et les persifleurs. C'est quinze centimes, trois sous.

(Roulement de tambour. Un temps. Coup de sonnette.) Personne n'en veut!.. Je suis charmé de voir qu'il n'y a ici que des enfants parfaits et sans défauts. Si jamais j'entends une maman dire:«Mon Dieu que mon enfant est désagréable! Je ne sais plus qu'en faire,» je lui répondrai:Envoyez-le donc au pensionnat de....... Là, tous les diablotins deviennent des anges.

Mais, chers petits amis, et c'est là que je vous attends, j'ai encore pour spécialité de rendre jolis ceux qui sont laids. Voici une fiole qui se nomme: la drogue aux belles figures. Vous en buvez une goutte avant votre toilette, et crac, la peau la plus rude se change en une belle peau de satin rose. Ceux qui ont le nez trop long, çà les raccourcit, et ceux qui l'ont trop court, çà les *allongit*. Bref, cette drogue-là fait de la plus vilaine frimousse, une figure jolie à croquer. *(Bran.)* Je vois là-bas un petit garçon qui cherche déjà son porte-monnaie. Minute, mon chérubin, et je suis à vous.

Avec cette liqueur, mes petits messieurs, j'ai tué les savons du Congo, du Mikado, et du Lumbago. Ce que je la vends?.. Ce n'est pas cent francs, vingt francs, dix francs; pas même cinq francs, pas même un franc. C'est la bagatelle de cinq centimes, un sou. Il faudrait réellement n'avoir pas le rond dans sa poche pour se priver de la drogue aux belles figures. Allons, approchez *(Vite)* les nez trop longs, les pas assez longs, tous les mentons en cornichons et les oursons. C'est cinq centimes, un sou. *(Roulement de tambour, un temps, Coup de sonnette)* Personne n'en veut? Eh bien, mes petits messieurs, je croyais vous épater, et c'est vous qui avez épaté le grand:

Barfailla - Rigolamus!

(Rideau)

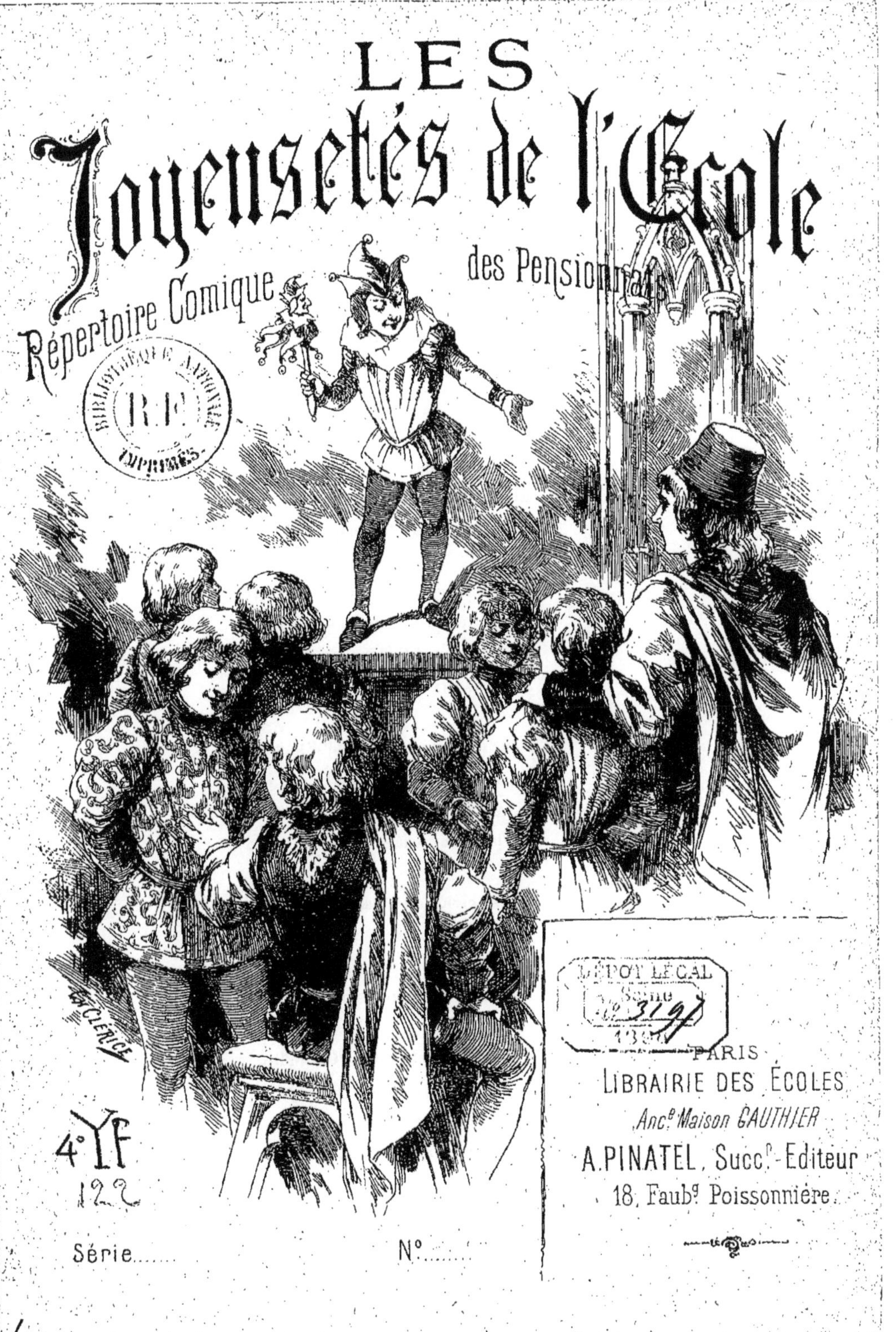
LES
Joyeusetés de l'École
Répertoire Comique
des Pensionnats
Ch. CLÉRICE
4°YF
122
Série......
N°......
PARIS
LIBRAIRIE DES ÉCOLES
Anc.ᵉ Maison GAUTHIER
A. PINATEL, Succ.ʳ-Éditeur
18, Faubᵍ Poissonnière

RETOUR DES EXAMENS DU BAC...

MONOLOGUE POUR GARÇON

Prix: 50% net.   F. PRAZ

A. PINATEL, Editeur de Musique, 18, Faub? Poissonnière, PARIS.

Papa joyeux d'vant moi s'présente,
A mon retour d'la Faculté,
Et m'dit:«Bonjour, mon cher Dorante,
Ton bachot, l'as-tu remporté?»

Moi j'lui réponds:« Ecout'-moi vite.
Nous étions vingt copains au bac,
Mais voilà que l'épreuve écrite
En a mis dix-sept dans le sac.

Pour moi, papa, faut qu'j'ai'd'la guigne......
Je n'ai pas raté mon français;
J'd'vais êtr' le coq sur tout'la ligne,
Enfin j'décrochais le succès!!......

—«C'est bien,» dit p'pa,«mais mon Dorante,
Allons, vite la vérité.
Voilà six fois que j'te présente,
Ton bachot, l'as-tu remporté?»

—«On m'mit à cheval sur Corneille,
Et là-dessus j'filais d'un train......
De m'voir aller c'était merveille.
J'ai parlé comm'pas un lapin.

                    A. P.

On m'a vanté sur ma physique,
Sur ma chimie et ma géo,
Et c'est moi qui, de tout' la clique,
Ai l'mieux débrouillé la trigo.»

—«C'est bien,» dit p'pa,« mais mon Dorante,
Allons, vite la vérité.
Voilà six fois que j'te présente,
Ton bachot, l'as-tu remporté?»

—«Ecout'-moi, p'pa, tu peux me croire,
Je les ai tous désarçonnés.
On a voulu m'saler l'histoire
Mais rien n'm'a fait saigner du nez.

Pour la question géographique
Je me suis fourré dans le Pô :
J'ai mis ce fleuve en Amérique,
Rien qu'pour ça, l'on m'a fait capot.»

—«Très bien,» dit p'pa,« mais mon Dorante,
Allons, vite la vérité.
Voilà six fois que j'te présente,
Ton bachot, l'as-tu remporté?»

—«Mais, mon pepa, j'te réitère
Que j'n'étais pas assez callé.
C'est l'Pô qui m'a flanqué par terre,
Et je t'ai dit que j'suis collé.»

Alors pepa qui jamais n'boîte,
M'dit:« Fil' jusqu'à qu'tu sois callé!..»
Ça m'a r'valu dix mois de boîte.
Ah! quel guignon d'être collé!

P. 3873. Mme Maurice-Benoist, Grav. rue St Sauveur, 72   Imp. Dupré, rue du Delta, 26.

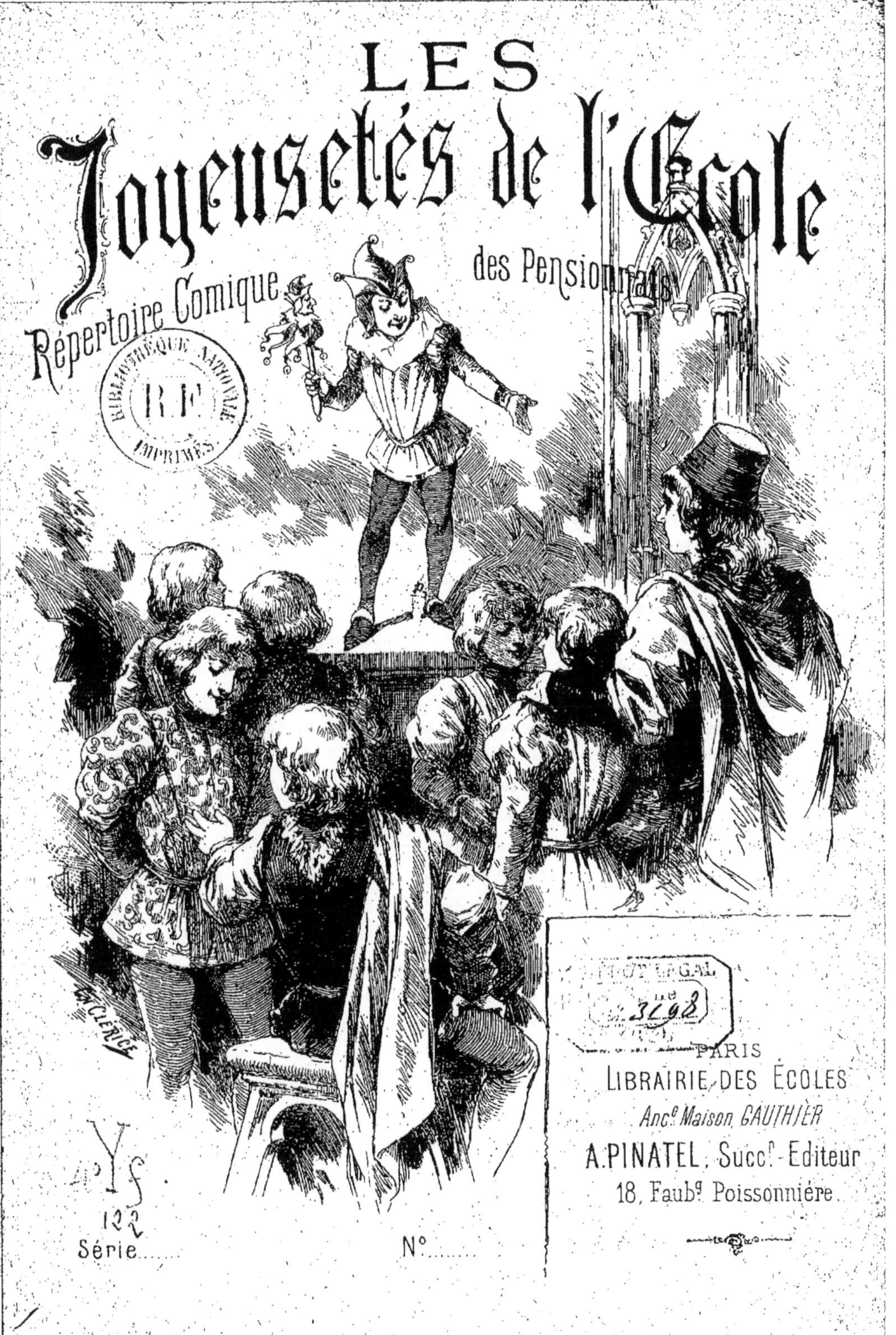
LES
Joyeusetés de l'École
Répertoire Comique
des Pensionnats
BIBLIOTHÈQUE NATIONALE
R F
IMPRIMÉS
DÉPOT LÉGAL
PARIS
LIBRAIRIE DES ÉCOLES
Ancᵉ Maison GAUTHIER
A. PINATEL, Succᵉ-Editeur
18, Faubᵍ Poissonnière.
Série
Nᵒ

AH! LA VILLE!

MONOLOGUE POUR PETIT GARÇON

Prix: 50° net.   F. PRAZ.

A. PINATEL, Editeur de Musique, 18, Faub? Poissonnière, PARIS.

La ville! ah! la ville!.. Vous trouvez ça gai, vous autres! Merci, vous n'êtes pas difficiles.

J'en ai goûté trois jours, moi, de votre ville, et depuis, tous les soirs, j'allonge ma prière d'un Pater pour remercier le ciel de m'avoir fait naître à la campagne.

Oh! tout d'abord je fus ravi de voir ces belles rues alignées, ces maisons hautes comme des peupliers, ces grands magasins remplis de toutes sortes de marchandises, mais ce qui a commencé à me refroidir, c'est que tout le monde se boude. Les habitants de la ville!.. Ils vous ont tous une mine renfrognée comme si le chat avait mangé leur déjeûner. Dans la campagne, c'est pas ça; quand on se croise, on se dit un petit mot: Vous allez labourer? Oui. Moi, je vais faucher, etc. Mais en ville, vous voyez ce tas de gens muets s'agiter en tous sens comme des fourmis dont on vient de renverser du pied la fourmilière.

Vous trouvez ça gai, vous autres! Merci, vous n'êtes pas difficiles!

Et puis, c'est quelque chose de plaisant, va, que de traverser une rue de ville... Quand je suivais le trottoir, je me piquais le nez contre le nez des passants; quand je me tenais au milieu de la rue, les bicyclistes me bousculaient par devant, les cochers me criaient gare par derrière......

Vous trouvez ça gai, vous autres! Merci, vous n'êtes pas difficiles!

Et ce bruit! Oh! la la! de mes pauvres oreilles qui n'avaient jamais entendu que les rossignols et les fauvettes de la campagne! Rien que d'y songer à ce sabbat de ville, *(il se tient les mains sur les oreilles)* ça me donne encore une inflammation de tympan.

Vous avez des tramways qui cornent, des fiacres qui roulent, des fouets qui claquent, des locomotives qui sifflent, des machines qui grincent, des ateliers qui grondent, des sonnettes qui sonnent, des marchands de légumes qui trompettent leur sa-

A. P. 187

lade, des chiffonniers qui se cassent la gorge à crier etc, etc, etc. Joignez à ce concert les deux notes d'agrément que poussent, parfois, en se faisant écho, quatre ou
cinq rossignols à longues oreilles......

Vous trouvez ça gai, vous autres! Merci, vous n'êtes pas difficiles!

Je n'y vois rien d'agréable, moi, dans la ville. J'aime par exemple, à jeter des pierres aux oiseaux des arbres: en ville il n'y a ni pierres, ni oiseaux, ni arbres. J'aime
encore à faire tourner un petit moulin dans un petit ruisseau qui traverse un petit pré:
en ville, vous n'avez ni petit ruisseau, ni petit pré, pas même un petit morceau de bois
pour confectionner le petit moulin. C'est à vous dégoûter de s'amuser!..... J'aime
encore manger des cerises sur le cerisier, des pêches sur le pêcher, et des pommes
sur le pommier: en ville, vous mangez des cerises, des pêches et des pommes qui ont
passé par trente mains blanches ou autres avant de vous passer dans la bouche! Ah! si
la femme d'Adam avait été un peu délicate et qu'elle n'eût eu à manger qu'une des pommes
qui se vendent en ville, je crois fort qu'elle n'aurait pas été tentée de faire la gourman-
de, ou tout au moins, si elle avait absolument voulu tâter, elle l'aurait proprement pe-
lée avec son couteau!..... Eh bien, oui, moi, j'aime encore à cueillir des fleurs là où
elles poussent: ainsi je me faisais une fête de composer un joli bouquet pour ma tante chez qui je logeais, et j'ai parcouru toutes les rues, fouillé tous les coins et recoins
de la ville sans voir la moindre violette. Ah! bien oui, des violettes! J'en ai vu de curieuses violettes en certaines ruelles peu fréquentées, mais glissons vite...Eh bien,
vous trouvez ça gai, vous autres! Merci, vous n'êtes pas difficiles!

Tenez encore, le matin, ma tante me faisait déjeûner au café au lait. Je n'avais jamais vu ni goûté cette espèce de drogue. Que diable est-ce ça, me dis-je? ce n'est pas
blanc, ce n'est pas *nègre* non plus, mais peut-être que c'est bon. Et par le fait, je trou-
vai ça délicieux. Mais mon estomac, habitué à recevoir du lait mélangé à une bonne
soupe salée, et non du lait mélangé à du café sucré, mon estomac, dis-je, s'est mis à
bouder contre; et alors...........au lieu des jolies promenades que j'espérais,
j'ai dû faire des petits voyages fort désagréables...........

Ah! la ville! la ville! Comprenez-vous maintenant pourquoi tous les soirs, j'allonge ma prière d'un Pater, pour remercier Dieu de m'avoir fait naître à la campagne.

Oui, je suis fixé désormais sur les agréments de la ville, et je suis si bien fixé
que jamais je ne m'y fixerai.............

—◄◆◆►—

871. Mme Maurice-Benoist, Grav. rue St Sauveur, 72.   Imp. Dupré, rue du Delta, 26.

A. PINATEL, ÉDITEUR DE MUSIQUE, 18, FAUBOURG POISSONNIÈRE, PARIS.

LES JOYEUSETÉS DE L'ÉCOLE
RÉPERTOIRE COMIQUE DES PENSIONNATS

CHANSONNETTES COMIQUES avec parlé (P^r garçons)

SAINT-KOPP. Bêtes et Gens........ P° et Ch 1 50 Ch seul 1
» .....Je demande à vivi(l)lir.......... » 50
» .....Un géographe à la mode.......... » 50
» .....Si j'étais académicien.......... » 50
» .....Un poète d'occasion.......... » 50
TROJELLI.....L'Ami des chats.......... » 50
BLANGY.....Projets d'un paysan revenant de Paris »
PILLON.....Le guignon de Jean Pochet.... »
DORE.....Une mésaventure.......... » 50

OUVIER.....Le premier prix d'histoire P° et Ch 1 Ch seul 35
St GERMAIN.....Un amant de la gloire.... » 35 » 35
BERSEVILLE.....Le Petit nageur.... » 50
GRAZIANI.....L'Invalide à la tête de bois.. » 1 » 35
DE ROGET.....Les Étrennes.... » 50
LIMAGNE.....Le Petit Figaro.... » 50
» .....Grand-Père.... » 50
» .....La galette à Jeannot.... » 50
» .....La tartine.... » 50

LIMAGNE.....L'Alphabet illustré.......... PP et Ch 1 50.

CHANSONNETTES COMIQUES avec parlé (P^r jeunes filles)

DUBOIS.....La petite Bavarde.......... P et Ch 1 50 Ch seul 2
SAINT-KOPP. Ma maîtresse d'école.... » 50
» .....Quand vous étiez petite fille.... » 50
» .....Ce que je ne sais pas.... » 50
» .....Conseils aux petites filles.... » 50
» .....Le jour de l'an de Mlle Lili.. » 50

BERSEVILLE.....Je suis montée en omnibus P et Ch 1 50 Ch seul 2
LIOUVILLE.....Quand je serai majeure.... » 50
» .....Zézette.... » 50
» .....Trop franche.... » 50
» .....Pas exacte.... » 50
» .....Très occupée.... » 50

LIOUVILLE.....Les Lundis de Mme Plumeau.. PP et Ch 1 50.

DUOS

TRITANT.....Cliquedan, pan, pan........ PP et Ch 1 Ch seul 1
TROJELLI.....Premier duel.... » 1
GILIS.....Croquemitaine (Scène et Chœur) » 1
» .....Les mirlitons (chœur avec mirlitons) » 50

PINATEL.....La chute d'un âne (chœur à 3 voix) PP et Ch 2 50 Ch seul 1
LIMAGNE.....L'Escapade.... » 50
DEMORTREUX.Les deux travailleurs.... » 2 50 » 1
BORDESE.....L'alouette et le laboureur.... » 1

CHANSONNETTES COMIQUES ET ROMANCES (sans parlé) (P^r jeunes filles)

DROUIN.....Les trois quenouillettes.......... P° et Ch 1 50 Ch seul 2
» .....Boutade d'une écolière.... » 50
GILIS.....Le Revenant.... » 50

BERSEVILLE.....La petite Champenoise.... P° et Ch 1 50 Ch seul 2
DUMONT.....Ma petite sœur.... » 50
SPENCER.....Les pendants d'oreilles.... » 50

CHANSONNETTES POUR GARÇONS (sans parlé) avec Accompagnement de Piano

LIMAGNE. Haut en bas ou Le Petit Ramoneur PP et Ch 1 50 Ch seul 1
» .....La Ronde des sabots.... » 50
» .....Un Mousse breton.... » 50
» .....Le petit Escarboleur.... » 50
» .....Tant pis, tant mieux.... » 50
GILIS.....Le petit doigt de maman.... » 50
» .....Venez Saint-Nicolas.... » 50
» .....J'aurai très bleu.... » 50
» .....Le garçon universel.... » 50
» .....Les distractions de Paul.... » 50

GILIS.....Les deux renards.......... PP et Ch 1 50 Ch seul 2
SAINT-KOPP.....Quand on est grand.... » 50
MEINERS.....J'ai quelque chose dans l'plafond » 1 » 35
BERSEVILLE.....La brioche de grand'maman.... » 50
LIMAGNE.....Rétameur, raccommodeur.... » 50
» .....Le gentil parrain.... » 50
» .....Petit Pierre.... » 50
» .....La musette du petit Yvon.... » 50
GEISPITZ.....La ballade du petit clerc.... » 50
MARIETTI.....Le maudit poste.... » 50

CHANSONNETTES COMIQUES ET ROMANCES (sans parlé) (P^r jeunes filles ou Garçons)

DORE.....Le grand-père prisonnier........ Piano et Chant 1 50
GILIS.....À Saint-Nicolas.... » 50
AVALTRE.....La gamme.... » 50
LIMAGNE.....Cherchez, vous trouverez.... » 50
» .....Le loup et l'agneau.... » 50
FERALD.....Si j'avais un sou.... » 50

SPENCER.....Le loup et l'escargot........ Piano et Chant 1 50
GILIS.....Le Ballon.... » 50
BOUSQUET.Le Chardonneret (polka chantée).. » 50
CLÉMENT.....Zim ba da boum.... » 50
LIMAGNE.....La ronde des sabots.... » 50
» .....La tartine (avec parlé).... » 50

LIMAGNE.....L'alphabet illustré (avec parlé) Piano et Chant 1 50.

MONOLOGUES, DIALOGUES, SCÈNES SANS MUSIQUE.

MONOLOGUES (Garçons)

Mes livres de classe.......... » 50
Un grand dîner chez nous.......... » 50
Une nuit à la campagne.......... » 50
Ah! ces leçons!.......... » 50
Dans le pays où le dumeure.......... » 50

L'Uniforme de grand'père.......... » 50
Lazare Hoche.......... » 50
Chez le commissaire.......... » 50
Monsieur le Règlement.......... » 50
Ah! la ville!.......... » 50
La Gomblomanie.......... » 50

Retour des examens du bac.......... » 50
Le médecin pratique.......... » 50
Le charlatan nouveau.......... » 50
J'ai vu sur la ronde inactine.......... » 50
Le marchand de bonnets.......... » 50

MONOLOGUES (jeunes filles)

Qui donc inventa le miroir?.......... » 50
Cette pauvre langue!.......... » 50
Les petits démons.......... » 50
Gronderie à ma poupée.......... » 50

Sensitive.......... » 50
Adieux à la Cloche du Pensionnat.. » 50
Maudite fée, va!.......... » 50
Qui est-ce qui a fait le programme?.... » 50

Grands hommes et grandes femmes.... » 50
Si j'étais cuisinière.......... » 50
Palati, palata!.......... » 50

DIALOGUES ET SCÈNES (pour Garçons)

Le Boudeur (4 personnages).......... » 50
La Police prophète (plusieurs pers.).... » 50
Cureur provençal et casseur gascon (dialogue) » 50
L'Hyperbolâtrie (dialogue).......... » 50

La pipe et le journal (dialogue) » 50
Le sourd et le médecin » .... » 50
La Gesticulomanie.... » .... » 50
La Fontaine en comédie (scène).... » 50

Une tombola amusante (scène).......... » 50
Le vin et l'eau (dialogue).......... » 50
Une leçon de littérature (dialogue).... » 50

DIALOGUES ET SCÈNES (pour jeunes filles)

La Fontaine comique (scène, plusieurs personnages).... » 50
Une dispute en Luxembourg (dialogue) » 50
Les mauvais tours de la distraction » » 50

Le Chat en proverbes (scène, plusieurs personnages).... » 50
Les félicités de la mauvaise humeur (dialogue) » 50
Un dîner sur l'herbe.......... » » 50
Les deux petites mamans (dialogue).... » 50

Part de compliments.. (dialogue) » 50
Dire qu'une lettre m'embarrasse » » 50

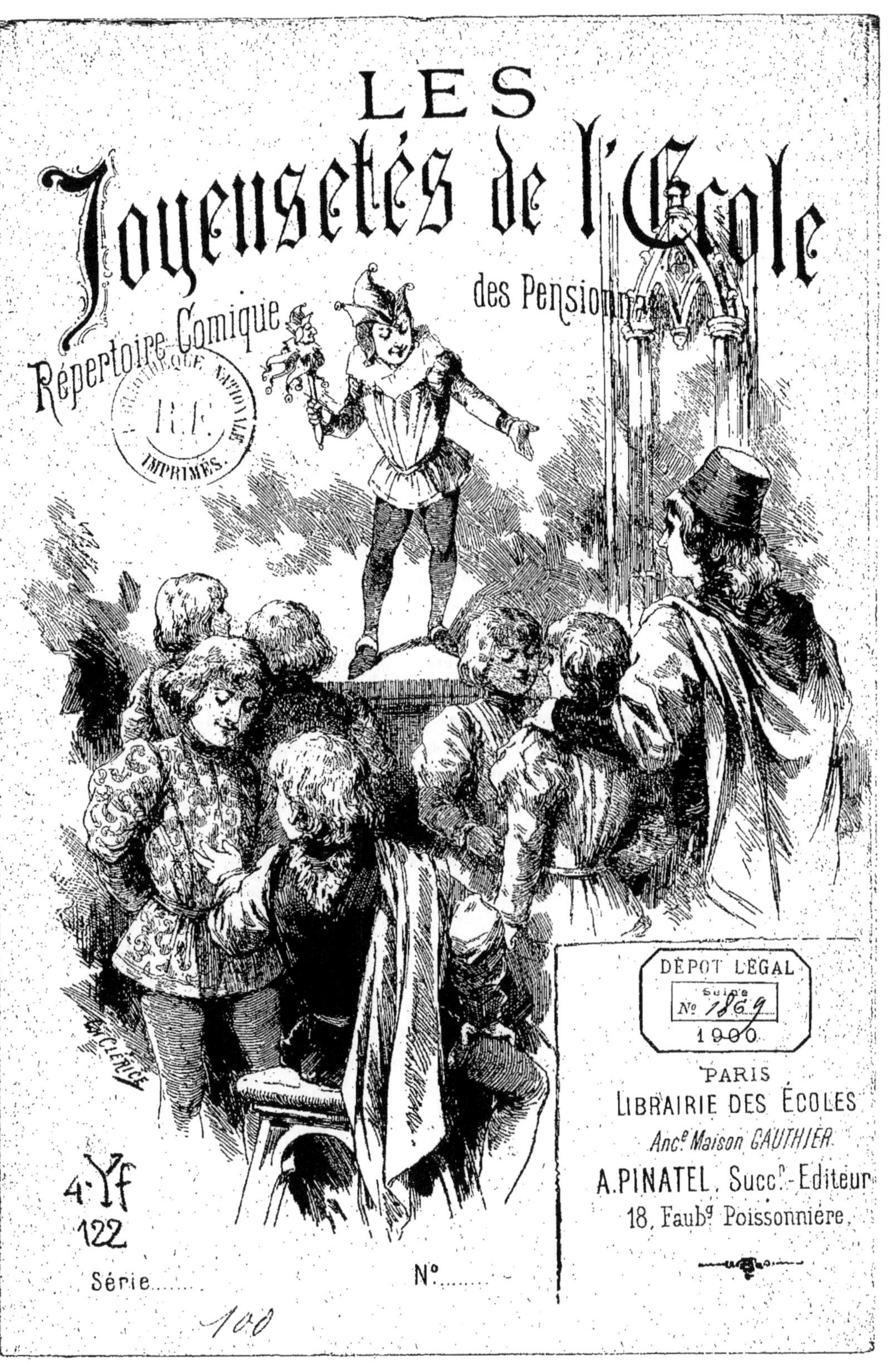

LES
Joyeusetés de l'École
Répertoire Comique
des Pensionnats
DÉPOT LÉGAL
N° 1869
1900
PARIS
LIBRAIRIE DES ÉCOLES
Anc.e Maison GAUTHIER
A. PINATEL, Succ.r-Editeur
18, Faubg Poissonnière
4.Yf
122
Série.......
N°.......

LES JOYEUSETÉS DE L'ÉCOLE

UN MONOLOGUE ORIGINAL
MONOLOGUE POUR GARÇON

Prix: 50° net.   F. PRAZ

A. PINATEL, Editeur de Musique, 18, Faub⁵ Poissonnière, PARIS.

(L'acteur affectera une attitude guindée et des manières gauches)

Naturellement, je suis là pour débiter un monologue. Bien dit, il serait épatant mon monologue.

Seulement, je n'ai pas l'habitude du théâtre, et... *(il se gratte l'oreille)* il y a une chose qui m'embarasse un peu, ce sont les gestes........

Les artistes, eux, quand ils déclament, tantôt ils agitent de grands bras comme des ailes de moulin, roulent des yeux comme des poings, se contorsionnent comme un diable qui brûle dans l'eau bénite, et puis tantôt ils adoucissent la voix, font les petits yeux, sourient, minaudent comme cela *(Il imite gauchement)* Mais non, pas comme ça.... moi, je ne sais pas faire........J'ignore comment vous trouverez mes gestes, mais je n'en fais pas de gestes. Dès que je suis sur scène, me voilà manchot des deux bras!... Alors, *(suppliant)*, vous voudrez bien être indulgents, n'est-ce pas?

Donc, je suis là pour débiter un monologue. Oh! ce qu'il est curieux, ce qu'il est drôle, mon monologue!

Seulement, comme je n'ai pas l'habitude du théâtre, il se peut que je me trouble un tantinet. D'ailleurs vous saurez que je suis affligé d'une nature excessivement timide. Vous me voyez, pas?...... Eh bien, vous voyez une sensitive!... Tout petit, j'étais déjà comme ça.......un rien me bouleverse!...... Ainsi quand j'allais à l'école, jamais je n'ai osé apprendre ma grammaire parce que les mots ne s'accordaient pas entre eux,... c'est aussi bien vilain de ne pas s'accorder. C'est comme pour la géographie, jamais je n'ai pu la sentir, tellement j'avais peur des *accidents*, et dans la géographie, vous savez comme il y en a des *accidents*!...

                    A. P. 4072

Vous comprenez qu'avec un tempérament pareil, c'est rare si je conserve bien mon sang-froid en débitant devant une assemblée aussi imposante que celle-ci……….

On a beau me dire, pour me donner du cœur : « Figurez-vous que vous parlez à des têtes de choux !» Ça, ça ne mord pas ! Comment faire une supposition pareille, alors que j'ai devant moi de belles dames, de beaux messieurs et *toutes les grosses légumes* du pays ?……

Voyez-vous, quand je sens qu'il y a là, là, tout à fait devant moi, à ma barbe, plus de cent paires d'oreilles qui me regardent, et autant de paires de *zieux* qui… m'écoutent……Qu'est-ce qui vous fait rire ?……Je parie que je me suis déjà troublé !…Oh ! qu'on a donc du malheur d'être si sensible !……Enfin trop tard pour reculer : le vin est tiré, faut le boire, *jusqu'à la lie.* Donc, je suis là pour débiter un monologue.

C'est un monologue que vous trouverez, je crois très original. Vous savez ! …Aujourd'hui on recherche beaucoup l'originalité dans les monologues. D'ailleurs vous allez juger du mien. Écoutez.

Un monologue original. _Tiens ! mais……. (Main au front, cherchant)_ est-ce qu'il m'aurait joué le tour ?……Voyons,… un mono….logue o….ri…ginal……

Perdu ! je l'ai bien perdu. Attendez, *(en saluant)* je vais le *chercher* !……

(Il sort précipitamment.)

(Rideau)

A. PINATEL, ÉDITEUR DE MUSIQUE, 18, FAUBOURG POISSONNIÈRE, PARIS.

LES JOYEUSETÉS DE L'ÉCOLE
RÉPERTOIRE COMIQUE DES PENSIONNATS

CHANSONNETTES COMIQUES *avec parlé* (P.' garçons)

	P° et Ch¹	Ch¹ seul			P° et Ch¹	Ch¹ seul
SAINT-KOPP. Bêtes et Gens	»50	» »»	JOUVIER Le premier prix d'histoire	1 »	»35
» ..de demande à vieillir	»50	» »»	S.' GERMAIN.. Un amant de la gloire	» »	»35
» Un géographe à la mode	»50	» »»	BERSEVILLE.. Le Petit nageur	»50	» »
» Si j'étais académicien	»50	» »»	GRAZIANI.. L'Invalide à la tête de bois	1 »	»35
» Un goûter d'occasion	»50	» »»	DE ROGET.. Les Farennes	»50	» »
TROJELLI.. L'Ami des chats	»50	» »»	LIMAGNE.. Le Petit Figaro	»50	» »
BLANGY.. Projets d'un paysan revenant de Paris	» »	»50	» ..Grand-Père	»50	» »
PILLON.. Le guignon de Jean Pochet	» »	»50	» ..La galette à Jeannot	»50	» »
DORÉ.. Une mésaventure	»50	» »»	» ..La tartine	»50	» »

LIMAGNE.. L'Alphabet illustré .... P° et Ch¹ »50.

CHANSONNETTES COMIQUES *avec parlé* (P.' jeunes filles)

	P° et Ch¹	Ch¹ seul			P° et Ch¹	Ch¹ seul
DUBOIS.. La petite Bavarde	»50	» »	BERSEVILLE.. Je suis montée en omnibus	»50	» »
SAINT-KOPP.. Ma maîtresse d'école	»50	» »	LIOUVILLE.. Quand je serai majeure	»50	» »
» ..Quand vous étiez petite fille	»50	» »	» ..Zérette	»50	» »
» ..Ce que je ne sais pas	»50	» »	» ..Trop franche	»50	» »
» ..Conseils aux petites filles	»50	» »	» ..Pas exacte	»50	» »
» ..Le jour de l'an de M.lle Lili	»50	» »	» ..Très occupée	»50	» »

LIOUVILLE.. Les lundis de M.me Plumeau .. P° et Ch¹ »50.

DUOS

	P° et Ch¹	Ch¹ seul			P° et Ch¹	Ch¹ seul
THIBANT.. Clic, clac, pan, pan	1 »	» »	PINATEL.. La chute d'un âne (chœur à 3 voix)	»25	» »
TROJELLI. Premier duel	1 »	» »	LIMAGNE.. L'Escapade	»50	» »
GILIS.. Croquemitaine (Scène et Chœur)	1 »	» »	DEMORTREUX.. Les deux travailleurs	2 50	1 »
» ..Les mirlitons (chœur av. mirlitons)	»50	» »	BORDÈSE.. L'alouette et le laboureur	1 »	» »

CHANSONNETTES COMIQUES ET ROMANCES *(sans parlé)* (P.' Jeunes filles)

	P° et Ch¹	Ch¹ seul			P° et Ch¹	Ch¹ seul
DROUIN.. Les trois quenouillettes	»50	» »	BERSEVILLE.. La petite Champenoise	»50	» »
» ..Boutade d'une écolière	»50	» »	DUMONT.. Ma petite sœur	»50	
GILIS.. Le Revenant	»50	» »	SPENCER.. Les pendants d'oreilles	»50	

CHANSONNETTES POUR GARÇONS *(sans parlé)* avec Accompagnement de Piano

	P° et Ch¹	Ch¹ seul			P° et Ch¹	Ch¹ seul
LIMAGNE.. Haut les bras ou Le Petit Ramoneur	»50	» »	GILIS.. Les deux renards	»50	» »
» ..La Ronde des sabots	»50	» »	SAINT-KOPP.. Quand on est grand	»50	» »
» ..Un Mousse breton	»50	» »	MEINERS.. J'ai quelque chose dans l'plafond	1 »	»35
» ..Un petit Escamoteur	»50	» »	BERSEVILLE.. La brioche de grand'maman	»50	» »
» ..Tant pis, tant mieux	»50	» »	LIMAGNE.. Rétameur, raccommodeur	»50	» »
GILIS.. Le petit doigt de maman	»50	» »	» ..Le gentil parrain	»50	» »
» ..Venez Saint Nicolas	»50	» »	» ..Petit Pierre	»50	» »
» ..J'aurai très bien	»50	» »	» ..La musette du petit Yvon	»50	» »
» ..Le garçon universel	»50	» »	GEISPITZ.. La ballade du petit clerc	»50	» »
» ..Les distractions de Paul	»50	» »	MARIETTI.. Le mandat-poste	»50	» »

CHANSONNETTES COMIQUES ET ROMANCES *(sans parlé)* (P.' Jeunes filles ou Garçons)

	Piano et Chant			Piano et Chant
DORÉ.. Le grand'père prisonnier	»50	SPENCER.. Le loup et l'escargot	»50
GILIS.. A Saint-Nicolas	»50	GILIS.. Le Ballon	»50
WALTRE.. La gamme	»50	BOUSQUET. Le Chardonneret (polka chantée)	»50
LIMAGNE.. Cherchez, vous trouverez	»50	CLÉMENT.. Zim ba da'boum	»50
» ..Le loup et l'agneau	»50	LIMAGNE.. La ronde des sabots	»50
FÉRALD.. Si j'avais un sou	»50	» ..La tartine (avec parlé)	»50

LIMAGNE... L'alphabet illustré (avec parlé) Piano et Chant »50.

MONOLOGUES, DIALOGUES, SCÈNES SANS MUSIQUE.

MONOLOGUES (Garçons)

Mes livres de classe	»50	L'Uniforme de grand'père	»50	Retour des examens du bac	»50
Un grand dîner chez nous	»50	Lazare Hoche	»50	Le médecin pratique	»50
Une nuit à la campagne	»50	Chez le commissaire	»50	Le charlatan nouveau	»50
Ah! les leçons!	»50	Monsieur le Règlement	»50	Z'ai vu sur la ronde machine	»50
Dans le pays où se demeure	»50	Ah! la ville!	»50	Le marchand de bonnets	»50
		La Comblomanie	»50		

MONOLOGUES (jeunes filles)

Qui donc inventa le miroir?	»50	Sensitive	»50	Grands hommes et grandes femmes	»50
Cette pauvre langue!	»50	Adieux à la Cloche du Pensionnat	»50	Si j'étais cuisinière	»50
Les petits démons	»50	Maudite fée, va!	»50	Patati, patata!	»50
		Gronderie à ma poupée	»50	Qui est-ce qui a fait le programme?	»50

DIALOGUES ET SCÈNES (pour Garçons)

Le Boudeur (4 personnages)	»50	La pipe et le journal (dialogue)	»50	Une tombola amusante (scène)	»50
La Police prophète (plusieurs pers.)	»50	Le sourd et le médecin »	»50	Le vin et l'eau (dialogue)	»50
Casseur provençal et casseur gascon (dialogue)	»50	La Gesticulomanie... »	»50	Une leçon de littérature (dialogue)	»50
		L'Hyperbolatrie (dialogue)	»50	La Fontaine en comédie (scène)	»50

DIALOGUES ET SCÈNES (pour jeunes filles)

La Fontaine comique (scène, plusieurs personnages)	»50	Le Chat en proverbes (scène, plusieurs personnages)	»50		
Une dispute en cadence bourgeoise (dialogue)	»50	Les félicités de la mauvaise humeur (dialogue)	»50	L'art de complimenter (dialogue)	»50
Les mauvais tours de la distraction »	»50	Un dîner sur l'herbe	»50	Dire qu'une lettre m'embarrasse »	»50
		Les deux petites mamans (dialogue)	»50		

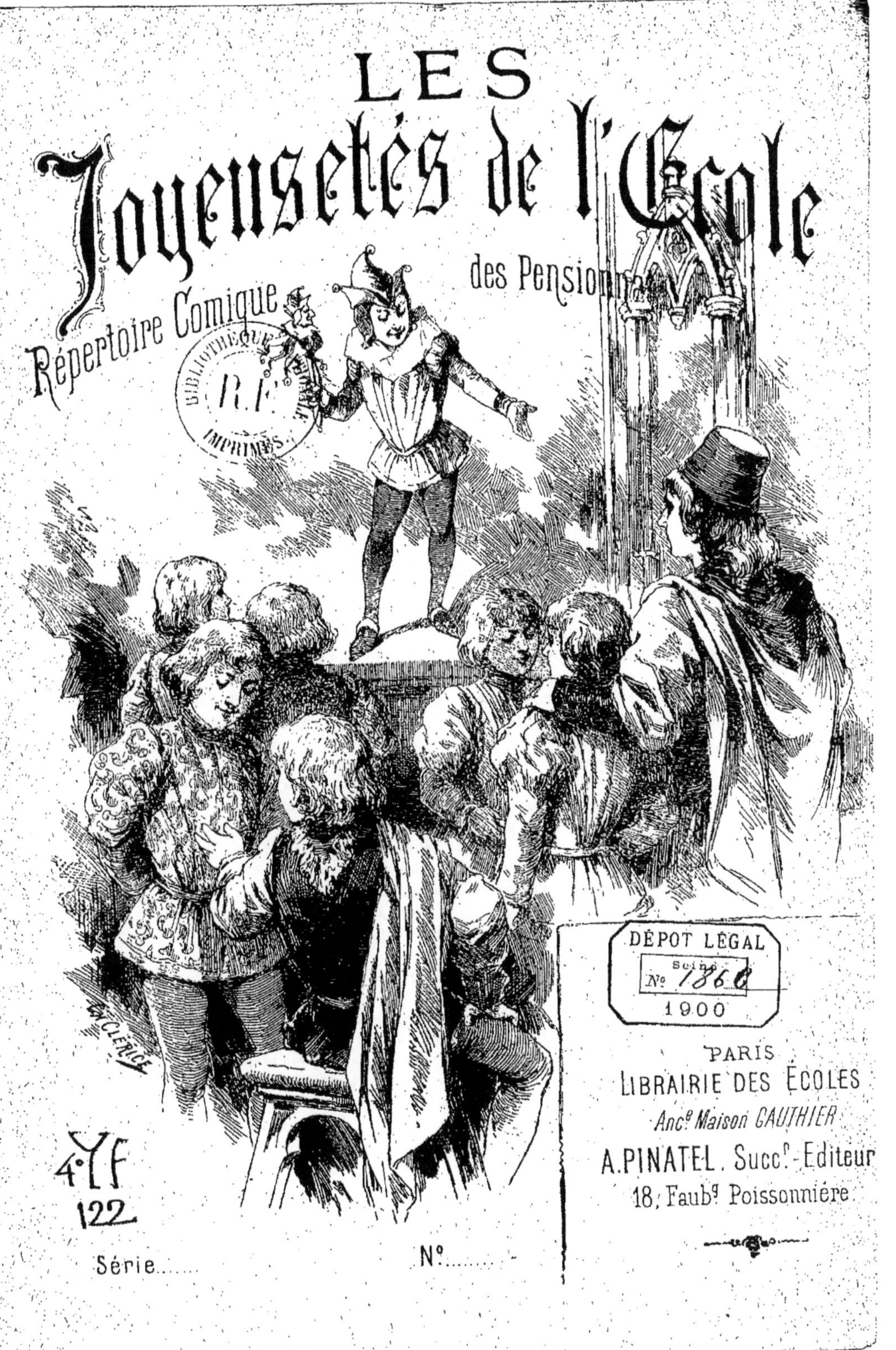

LES
Joyeusetés de l'École
Répertoire Comique
des Pensionnats
DÉPOT LÉGAL
Seine
No 1860
1900
PARIS
LIBRAIRIE DES ÉCOLES
Ancᵉ Maison GAUTHIER
A. PINATEL, Succʳ-Editeur
18, Faubᵍ Poissonnière
Série......
Nᵒ......

LE MARSEILLAIS FABULISTE

MONOLOGUE POUR GARÇON

Prix: 50c. net.

F. PRAZ

A. PINATEL, Editeur de Musique, 18, Faubg Poissonnière, PARIS.

(Accent provençal autant que possible)

Ze suis fabuliste de mon métier!... Z'avais d'abord sonzé à me faire carlatan, mais les carlatans, ils sont trop blagueurs, et comme z'avais peur de ne pas réussir à cultiver la blague, ze me suis mis à cultiver la fable.

La fable, moi ze l'aime courte. Ze vais vous en débiter une petite demi – douzaine comme écantillon; vous zuzerez un peu de mon zenre.

Tenez: « La Tortue et les deux Canards, » fable dézà traitée par La Fontaine qui avait tant de zénie; ze vais vous montrer comment ze fais tenir sa tortue et ses deux canards dans six vers à douze pieds *seulement.* Vous me direz si z'y vais par quatre cemins......

LA TORTUE ET LES DEUX CANARDS

Deux canards voituraient dans les cieux la tortue
Dont la bouce mordait le milieu d'un bâton
Qué par les bouts du bec soutenait çaque oison:
La voyazeuse, hélas! fut prise dans la nue
D'un accès de babil qui lui coûta bien cer,
Car lacant le bâton, elle tombe et se tue.

MORALE:

Ça prouve qu'il ne faut zamais parler en l'air!

Deuxième fable où z'enseigne la prudence.

LE BAIGNEUR

Un baigneur, nazeur inhabile,
Voulant montrer aux zens qu'il était fort azile,
Evoluait un zour dans un larze ruisseau
Soudain, il disparaît sous l'eau.
Il allait se noyer aux yeux de tout le monde,
Quand un adroit plonzeur le tira du danzer.

MORALE:

Ne zamais s'approcer de l'onde,
Tant qu'on ne sait pas bien nazer.

A. P. 4

Troisième fable qui enseigne une çose que ze ne vous engaze pas à imiter.

LE COMMIS-VOYAZÉUR

Un commis-voyazeur en vins
Réalisait çaque zour de gros gains
En pratiquant cette devise:
«Aux aceteurs payer à boire, à boire encor.»
Il faisait des affaires d'or,
Sans leur vanter sa marçandise.
Certes, il savait bien calculer!...

MORALE:
Quand on est *rond*, l'on est plus facile à *rouler!*

Quatrième fable où c'est le nez qui enseigne.

LE BUVEUR ET SON NEZ

Un fin buveur disait à son nez:« Par ma foi,
Ze vais me brouiller avec toi,
Si tu ne perds bientôt tes couleurs de pivoine...»
Le nez lui répondit:«Tu te plains, mais, sans moi,
Dans le monde comment luirais-tu, pauvre Antoine?
Et tu voudras, ingrat, avec moi te brouiller!»

MORALE:
Touzours par quelque endroit *l'esprit* nous fait briller.

Sortons un peu du zenre bacique. Cinquième fable qui enseigne ce que vous allez voir.

LES DEUX POÈTES

Deux poètes sont en dispute.
L'un dit: « Mes vers sont meilleurs que les tiens »
L'autre répond:«Tes vers, ah! qu'ils sont loin des miens!»
Bref, c'est par coups de poing que finit cette lutte.
Alors, z'ai bien vu que, ma foi,

MORALE:
Touzours les plus beaux vers, ce sont les *vers à soi.*

Sixième et dernière fable qui devrait être connue de tous les médecins.

LE PHTISIQUE GUÉRI

Vers la tombe un pauvre phtisique
S'en allait. Vingt ans!... C'est partir bientôt!
«Prenez-moi, çaque zour, du bouillon d'escargot,
Et ze réponds de vous, » lui dit un empirique.
Ce fut fait: le malade a cent un ans, ze crois.

MORALE:
On a souvent besoin de plus petits que soi.

Et voilà comme ze les fabrique les fables, moi. Maintenant si vous désirez connaitre
les *ofres* de mes fables, vous saurez qu'elles sont éditées en un zoli volume,
Cez m'sieu Canard, rue du Merle Blanc,
à Colle-sur-Bourde;
Département des Hautes-Blagues.
C'est tout près des Bouces-du-Rhône.

(Rideau)

P. 4076. Mr Maurice-Benoist, Grav. rue St Sauveur, 72.   Imp. Dupré, rue du Delta, 26.

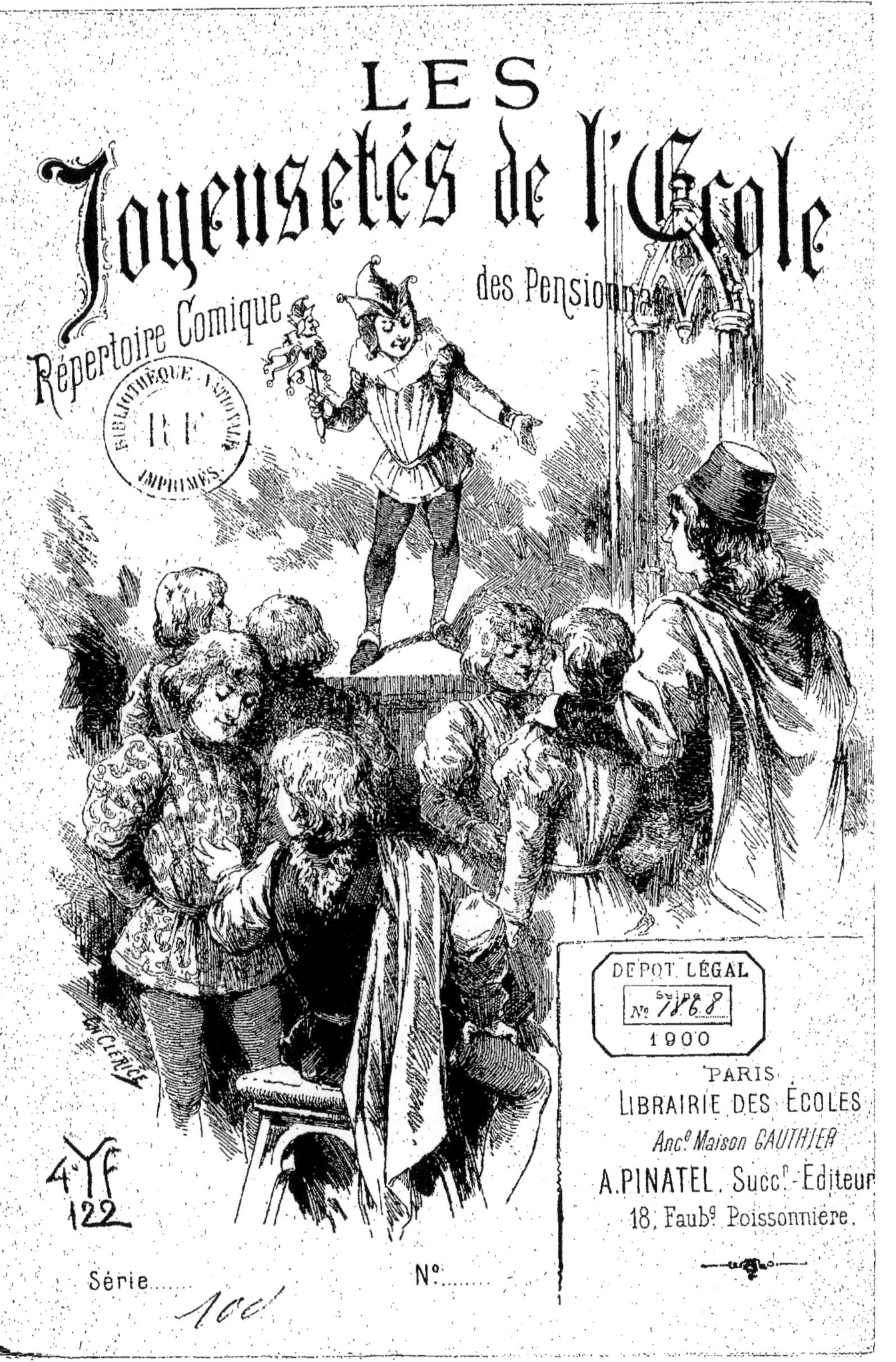

LES
Joyeusetés de l'École
Répertoire Comique
des Pensionnats
BIBLIOTHÈQUE NATIONALE
IMPRIMÉS
DÉPÔT LÉGAL
Seine
N° 1868
1900
PARIS
LIBRAIRIE DES ÉCOLES
Ancᵉ Maison GAUTHIER
A. PINATEL, Succʳ-Éditeur
18, Faubᵍ Poissonnière.
Série.......   N°.......

TROIS FOIS ROULÉ!

MONOLOGUE POUR ÉCOLIER

Prix: 50ᶜ net.   F. PRAZ.

A. PINATEL, Éditeur de Musique, 18, Faubᵍ Poissonnière, PARIS.

Oh! ce qu'il m'a fait faire du bon sens trois fois dans sa vie!... Je veux parler de ce fameux mandrin à quatre pattes qu'on appelle le Renard et dont je viens de lire l'histoire dans m'sieu de La Fontaine.

Sans doute ce beau capitaine, breveté, diplômé, bachelier ès tromperie, a roulé le corbeau dont il vole le fromage, roulé le bouc qu'il fait descendre et abandonne dans un puits, roulé le loup auquel il fait fracasser la mâchoire par un cheval, roulé un fermier dont il nettoie le poulailler, etc., si vous voulez, mais,... comme il s'est laissé rouler lui-même trois jolies fois!... Écoutez-moi ça, c'est toujours neuf.

Vous savez, la race des poulets ne passe guère pour avoir inventé la poudre!.. Or, un jour, un coq était *sur un arbre perché*, comme le corbeau, sauf qu'il n'avait pas de fromage au bec. Maître Renard, qui chassait—sans permis, bien entendu—l'aperçoit de loin, et se dit: «Bon, voilà mon affaire!» Il court vers l'arbre; arrive tout essoufflé, et tient ce langage à son *dîner un peu trop haut:* «Comment! mon ami Coq, tu ne viens pas m'embrasser!... Tu ne sais donc pas que les poules, les coqs, les renards et tous les animaux viennent de signer ensemble un traité de paix universelle! Loups et agneaux, chiens et chats, tout le monde se rencontre et se serre la patte. Descends donc vite, mon coq, mon bon petit coq! Il me tarde trop de t'embrasser; si tu savais comme je t'aime!»—«Ah! répond le coq, ça me fait bien plaisir d'apprendre ça. Puisque tu ne veux plus me manger que de baisers, attends une seconde: je vois là-bas deux gros chiens qui courent ventre à terre de ce côté; nous nous embrasserons tous ensemble.»

Là-dessus, voilà mon renard qui attrape sa canne et son chapeau et qui part sans demander son reste. Au train dont il allait, je vous prie de croire qu'il doit être furieusement loin, s'il ne s'est pas arrêté depuis. Hein! est-ce bien *envoyé*, ça! Bravo, mon petit coq! Tu portes une décoration sur la tête, mais au moins, tu ne l'as pas volé, toi!

Et la cigogne donc! C'est elle qui lui en a joué une *belle* aussi! Il est vrai de dire qu'elle ne prenait qu'une revanche, car ce coquin de renard l'avait invitée à dîner chez lui et ne servit qu'une espèce de soupe fadasse sans pain ni beurre, où la pauvre Cigogne ne put attraper miette, tandis que l'autre eut vite fait de nettoyer l'assiette. «C'est bon, se dit la cigogne, celle-là, tu ne l'emporteras pas en paradis, si jamais un filou comme toi peut y aller.»

Quelque temps après, la cigogne écrivit de *sa plus belle plume* la lettre d'invitation suivante: Mon cher renard, je t'attends à dîner chez moi dans trois jours. Je sais

                    A. P. 1009.

que tu aimes les poulets : j'en aurai de bien cuits, bien apprêtés, et puis vingt autres bonnes choses. Ne manque pas, et arrive-moi à midi. Reçois, etc.

A cette lecture, vous pensez si le renard se léchait d'avance !

Je crois même qu'il jeûna le reste du temps pour faire plus d'honneur au gala. Certes, ce n'est pas souvent que les cigognes invitent, et puis les femmes, ça s'y entend toujours mieux que les hommes pour la cuisine.

Le grand jour arrive. Après s'être bien peigné, bien asticoté, capitaine renard se rend en toute hâte chez son hôtesse qui le reçoit en tablier blanc avec force courbettes.

Mon Dieu, que ça sentait bon chez la cigogne !

On se met à table. Toutes les viandes, hâchées en menus morceaux, sont servies dans des carafes à gros ventre et à petit goulot. Impossible au renard d'y attraper de quoi faire déjeûner un roitelet. Et tandis que la cigogne croquait à plein bec, lui, c'était le marmot qu'il était obligé de croquer. Oh ! là là ! ces yeux, ce nez qu'il fait ! A coup sûr, il en sera malade, mais pas d'indigestion, en tous cas.

Bref, les carafes nettoyées, mon renard s'en va en courant avec une faim qui courait encore plus que lui. Le voyez-vous qui s'arrête de temps en temps pour serrer d'un cran sa ceinture trop flasque ? Est-ce pommé cette farce-là ?... Mes compliments, madame la Cigogne ! Je ne sais pas si vous êtes de Marseille ou de Toulouse, mais plus fin que vous n'est pas bête !

Voici le bouquet, ou si vous voulez, le clou des tours joués au renard.

Une nuit qu'il était en tournée de maraude, en passant près d'un puits, il eut la fantaisie de voir ce qu'il y avait dedans. Peut-être que c'était le puits où il avait laissé le bouc, et il voulait s'assurer si ce pauvre bouc y était encore, afin de rire un coup. Bref, il aperçoit au fond du puits, non pas le bouc, mais un objet tout rond qui ressemblait assez à un fromage. « Tiens, » se dit-il, « qui diantre a déposé là-bas ce joli fromage blanc ? Ma foi, j'ai trouvé celui du corbeau si bon qu'il faut que je tâte de celui-là. Et en avant deux, il se fourre dans un seau que faisait mouvoir un treuil au-dessus du puits, et il se *roule* au fond. Arrivé là-bas, rien !... Qu'est-ce que c'était que ce fromage ?... La lune.... c'était la lune qui l'avait roulé !... Oh !... ce *soleil* qu'il a dû *piquer* !......

Ce n'est pas tout : comment faire pour remonter ? point de bouc sur lequel il puisse grimper.... Vrai, je donnerais deux sous pour que le bouc, joué par lui, pût voir comment la lune l'a vengé !

Ah ! parlez-moi de la lune ! Vive la lune ! C'est encore la lune qui a le mieux roulé ce *roué des quatre pattes*. On dit quelquefois : « Honteux comme un renard qu'une poule aurait pris. » Ce dicton-là ne repose sur rien d'historique. Qu'on dise donc : « Honteux comme un renard que la lune aurait pris. » N'est-ce pas que ce serait mieux ?...

Ma foi, le renard est au fond du puits, et, si vous voulez, nous allons le laisser là : des filous, il y en a toujours trop, pas vrai ?   (Rideau)

MÉTHODE ÉLÉMENTAIRE DE MUSIQUE VOCALE (50ᵉ édition) par *GIRARD* et *GAUTIER*
1ᵉ Partie, *brochée* 1ᶠ25 net, *cartonnée* 1ᶠ75 net 2ᵉ Partie, *brochée* 1ᶠ50 net, *cartonnée* 2ᶠ net L'ouvrage complet *cartonné* 3ᶠ.

Mᵉ Maurice-Benoist, Gᵈᵉ rue Sᵗ Sauveur, 72.   Imp. Dupré, rue du Delta, 26.

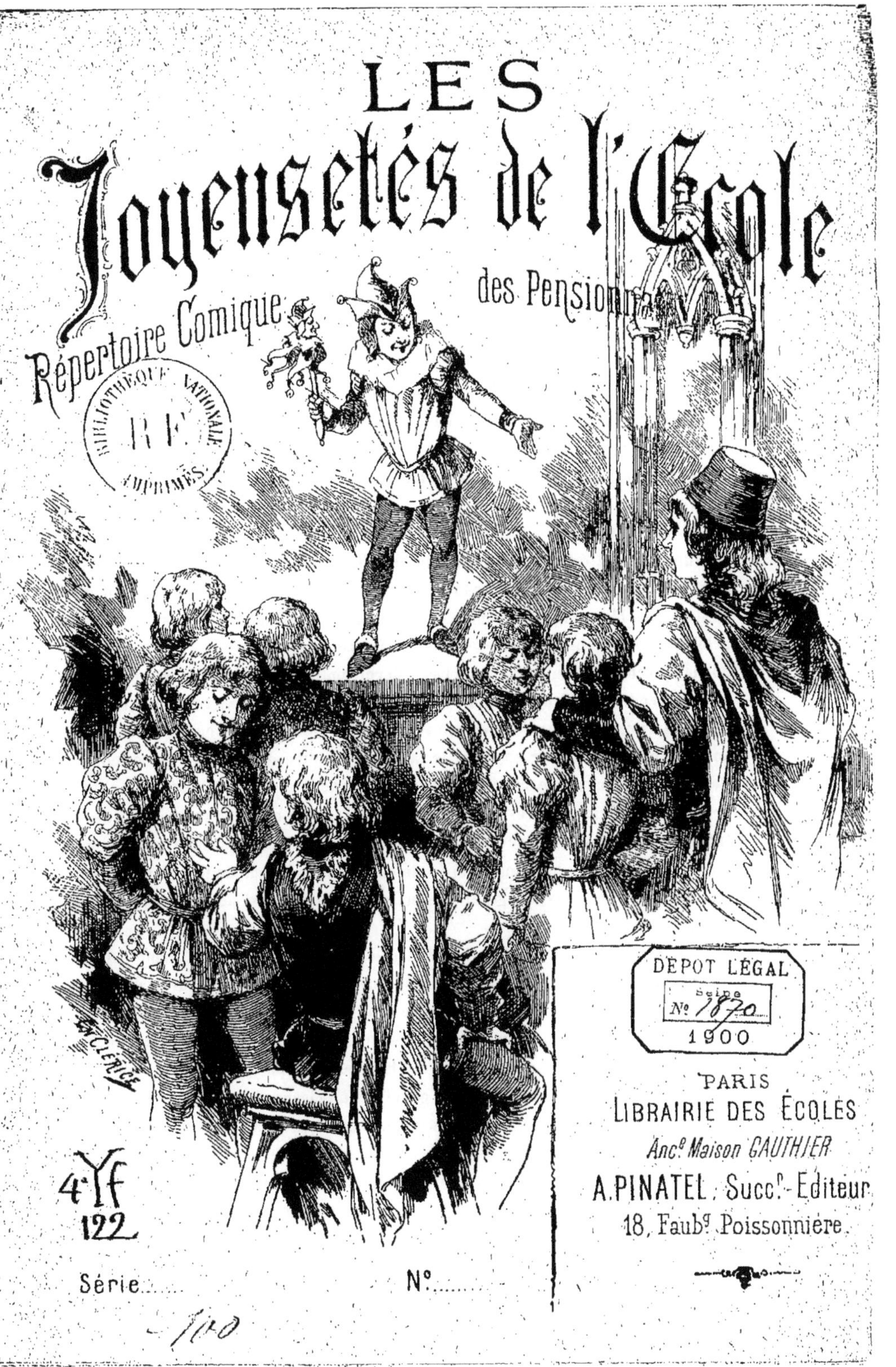

LES
Joyeusetés de l'École
Répertoire Comique
des Pensionnats
DÉPOT LÉGAL
Seine
N° 1870
1900
PARIS
LIBRAIRIE DES ÉCOLES
Anc.ᵉ Maison GAUTHIER
A. PINATEL, Succ.ʳ - Éditeur
18, Faub.ᵍ Poissonnière
4·Yf
122
Série......
N°......

VOYAGE DE NIQUEDOUILLE A CORNICHON-LES-BLAISES

MONOLOGUE POUR GARÇON

Prix: 50° net.　　　　　　　　　　　　　　　　　**F. PRAZ**

A. PINATEL, Éditeur de Musique, 18, Faub.g Poissonnière, **PARIS**

(L'acteur entre en scène avec un jambon sous le bras.)

Tiens, ça vous épate aussi vous autres!....Faut pas en rire de mon jambon, c'est un remède. C'est drôle, ça, parce que je suis de la campagne, je ne puis rien dire ni faire sans qu'on se gausse de moi. C'est comme dans le voyage que je viens de faire à la ville du Cornichon–les–Blaises, toutes les fois que j'ai ouvert le bec, on s'est flanqué de ma figure.

Ainsi je prends d'abord à la gare de Nigaudindon, qui est la plus près de chez moi, un billet d'aller et retour pour Cornichon–les–Blaises, et je me *blote* dans un comparti– ment bien *capritonné*: on est de la campagne, mais on sait s'arranger quand même. Donc j'étais là très bien, quand un homme du chemin de fer me fait: Montrez-moi votre billet, et je lui montre mon billet d'aller et retour. _Descendez, ajouta-t-il. _Pourquoi? que je ré– ponds, ce compartiment ne va donc pas à Cornichon–les–Blaises?.... _Si, qu'il a ronchonné, mais descendez quand même..... Et il m'a fait monter dans un wagon tout nu, sans *crampé*.

Sapristi, ce *porcédé*-là, ça m'a vesqué, et je lui ai dit: « S'pèce de gros nigaud, puis– que vous me prenez pour un autre, je vais vous y mettre aussi à votre place, moi!......... Regardez bien comme je suis fait; je vais à Cornichon–les–Blaises, mais du diable si je prends votre train pour revenir!...Tenez le voilà votre billet de retour!....» Et je lui ai lancé mon billet à la figure. Croiriez-vous que pendant ce discours, tout le monde se tordait de rire!... Eh bien, quoi! j'ai donné une leçon au chemin de fer, c'est mon droit après tout. Qu'ils sont curieux les gens! Ce n'est pas parce qu'on est de la campagne, qu'on est plus bête qu'un autre!...

J'ai donc été à Cornichon–les–Blaises où c'était grande foire. Quand j'ai eu fait mes *approvisions*, comme j'avais du temps devant moi, j'en ai profité pour rendre visite à m'sieu le baron d'un château qui se trouve dans les *abantieues*, histoire de témoigner mon respect à m'sieu le baron, car mon père est un des fermiers de m'sieu le baron. M'a très bien reçu, m'sieu le baron, même qu'il m'a fait accepter quelque chose en companie de ces messieurs et de ces dames, même qu'il m'a offert un cigare que j'ai fumé comme tout le monde, même les dames elles fumaient des cigarettes. Il n'y avait pas deux minutes que je fumais mon cigare qu'un petit farceur de valet vient poser par terre à côté de moi, une jolie boîte en bois d'*abajou*, là, juste à l'endroit du salon où je.... où je... comment dit-on, où je crachais, quoi!... Naturellement pour ne pas endommager sa boîte, je me mets à opé–

　　　　　　　　　　　　　A.P.

rer à gauche. Que fait-il? Il pique sa boîte à gauche. Je repère à droite, il y reflanque sa boîte.
J'ai bien connu qu'il cherchait aussi une leçon de politesse, celui-là. J'entrevoyais qu'on souriait
par là autour avec un air de se demander comment j'allais m'en tirer avec cet espiègle de do-
mestique. Bon sens de bon sens, la moutarde m'arrive au nez, et v'lan, je finis par lui dire:
S'pèce d'intrus, si tu n'enlèves pas illico ta machine de par là, je te préviens que j'y crache
dedans !!... Fallait voir s'il s'est ramassé avec sa boîte! Ah! il n'a pas demandé son reste, va!
Il faisait bien semblant de rire en emportant sa boîte, mais, comme disait l'autre, son rire
avait la jaunisse.... Eh bien, ces messieurs et ces dames, ils auraient dû m'applaudir; pas du
tout, ça s'amusait à pouffer de rire aussi; il y en avait même qui mordaient leur mouchoir
pour éclater dedans. Ça m'a *escandalisé*; je n'aurais pas cru qu'on fût si mal élevé dans le
grand monde. Est-ce qu'on ne peut plus se faire respecter par les domestiques maintenant? Ce n'est pas parce qu'on est de la campagne, qu'on est plus gauche qu'un autre. Enfin
c'est écrit que je suis né pour amuser le monde..

Tenez, pour mon retour de Cornichon-les-Blaises, vous savez que du chemin de fer,
je n'en voulais plus. J'ai donc pris la voiture publique, et comme c'était jour de foire, la voiture était *bordée* de voyageurs. Il n'y avait plus qu'une place là-haut, à...*l'impératrice*.
Notez que j'avais au moins quarante kilos de paquets sur le dos. C'est bien. Je m'assieds
sur *l'impératrice* avec mes paquets sur mes genoux. Voilà qu'un de mes voisins, un bon
paysan comme moi, m'adresse la parole en me disant: «Mon brave ami, déchargez-vous
donc de vos paquets, vous n'en payerez pas plus cher.» «Oh! merci bien, que je lui réponds
poliment, mes paquets, je puis bien les porter, les chevaux ont déjà assez de peine comme
ça, les pauvres bêtes!......»

Là-dessus, *éclosion* de rires fous parmi ces nigauds qui m'ont entendu. Eh bien
quoi? on ne peut plus avoir pitié des chevaux, maintenant, sans se faire moquer de soi!...
C'est-y pas bête, ça?

Bien plus fort, tenez, depuis que j'ai été voir *l'oculisse*, hier matin, tout le monde
qui me *voyent* se font de la bosse, parce que je porte des conserves (*Il prend son jambon
à la main*) Eh bien, oui, je porte des conserves.... c'est *l'oculisse* qui m'y a dit. J'ai été le
trouver pour ma vue qui devenait trop courte, et c'est lui, *l'oculisse* qui m'a dit d'achéter
des conserves; autrement, ma vue, je la perdrais, ma vue. Alors j'ai acheté les plus grosses
conserves que j'ai trouvées. C'est bien des conserves, le jambon; c'est pour ma vue que je
porte ce jambon, et c'est bien vilain de rire de la courte vue des autres!...J'ai vraiment
pas de chance, quoi! Déjà, depuis que je porte des conserves, tous les chiens du département suivent mes trousses. Il en vient des *émeutes* à la fois! Oh!...que faudra-t-il devenir?
Heureusement qu'on n'a pas inventé que la poudre, on a aussi inventé les trappes...J'ai
bien envie de hazarder mon jambon et de me faire trappiste. Au moins personne ne rira
de moi, puisqu'à la trappe, on ne parle pas. Je vais examiner ça! (*Par une maladresse cal-
culée, son jambon glisse et passe près de tomber*) Allons, tiens-toi donc, toi, et sauvons-nous
vite!.......... (*Rideau*)

MÉTHODE ÉLÉMENTAIRE DE MUSIQUE VOCALE (50.° édition) par *GIRARD et GAUTIER*
1.ª Partie brochée 1.ʃ25 net Cartonnée 1.ʃ 75 net.   2.ᵉ Partie brochée 1.ʃ50 net Cartonnée 2.ʃ net. L'ouvrage complet cartonné 3.ʃ net.

A.P. 4065.   M.ᵐᵉ Maurice-Benoist, Grav. rue S.ᵗ Sauveur, 72.   Imp. Dupré, rue du Delta, 26.

A. PINATEL, ÉDITEUR DE MUSIQUE, 18, FAUBOURG POISSONNIÈRE, PARIS.

LES JOYEUSETÉS DE L'ÉCOLE
RÉPERTOIRE COMIQUE DES PENSIONNATS.

CHANSONNETTES COMIQUES *avec parlé* (P! garçons)

SAINT-KOPP, Bêtes et Gens........Pⁿ et Ch! » 50 Ch! seul » » OUVIER....Le premier prix d'histoire P⁰ et Ch! 1 » Ch! seul » 35
»   ....Je demande à vieillir........ » 50 » » » St GERMAIN...Un amant de la gloire.... » » » 35
»   ....Un géographe à la mode........ » 50 » » » BERSEVILLE...Le Petit nageur.... » » 50 » »
»   ....Si j'étais académicien........ » 50 » » » GRAZIANI....L'invalide à la tête de bois » 1 » » » 35
»   ....Un poète d'occasion........ » 50 » » » DE ROGET....Les Étrennes.... » » 50 » » »
TROJELLI...L'Ami des chats........ » 50 » » » LIMAGNE....Le Petit Figaro.... » » 50 » » »
BLANGY....Projets d'un paysan revenant de Paris » » » 50 »   ....Grand-Père.... » » 50 » » »
PILLON....Le guignon de Jean Pochet.. » » » 50 »   ....La galette à Jeannot...... » » 50 » » »
DORÉ......Une mésaventure........ » 50 » » » »   ....La tartine...... » » 50 » » »
LIMAGNE...L'Alphabet illustré........P⁰ et Ch! » 50.

CHANSONNETTES COMIQUES *avec parlé* (P! Jeunes filles)

DUBOIS.....La petite Bavarde........P⁰ et Ch! » 50 Ch! seul » » BERSEVILLE...Je suis montée en omnibus, P⁰ et Ch! » 50 Ch! seul » »
SAINT-KOPP..Ma maîtresse d'école.... » » 50 » » LIOUVILLE....Quand je serai majeure... » » 50 » »
»   ....Quand vous étiez petite fille » » 50 » » » »   ....Zézette.... » » 50 » » »
»   ....Ce que je ne sais pas.... » » 50 » » » »   ....Trop franche.... » » 50 » » »
»   ....Conseils aux petites filles.. » » 50 » » » »   ....Pas exacte.... » » 50 » » »
»   ....Le jour de l'an de M!le Lili. » » 50 » » » »   ....Très occupée.... » » 50 » » »
LIOUVILLE....Les Lundis de M!e Plumeau ..P⁰ et Ch! » 50.

DUOS

TRITANT..Clic, clac, pan, pan........P⁰ et Ch! 1 » Ch! seul » » PINATEL ....La chute d'un âne (chœur à 3 voix) P⁰ et Ch! » 25 Ch! seul » »
TROJELLI..Premier duel.... » 1 » » seul » » LIMAGNE....L'Escapade.... » » 50 » » »
GILIS....Croquemitaine (Scène et Chœur) » 1 » » » » DEMORTREUX.Les deux travailleurs.... » 2 50 » 1 »
»   ..Les mirlitons (chœur av. mirlitons) » » 50 » » » BORDÈSE ....L'alouette et le laboureur..... » 1 » » »

CHANSONNETTES COMIQUES ET ROMANCES *(sans parlé)* (P! Jeunes filles)

DROUIN..Les trois quenouillettes........P! et Ch! » 50 Ch! seul » » BERSEVILLE..La petite Champenoise.... P⁰ et Ch! » 50 Ch! seul » »
»   ..Boutade d'une écolière........ » » 50 » » » DUMONT ....Ma petite sœur...... » » 50 » »
GILIS....Le Revenant........ » » 50 » » » SPENCER....Les pendants d'oreilles.... » » 50 » » »

CHANSONNETTES POUR GARÇONS *(sans parlé)* avec Accompagnement de Piano

LIMAGNE..Haut en bas ou Le Petit Ramoneur P⁰ et Ch! » 50 Ch! seul » » GILIS ......Les deux renards.... P⁰ et Ch! » 50 Ch! seul » »
»   ..La Ronde des sabots........ » » 50 » » » SAINT-KOPP..Quand on est grand.... » » 50 » » »
»   ..Un Mousse breton........ » » 50 » » » MEINERS....J'ai quelque chose dans l'plafond » 1 » » 35
»   ..Le petit Escamoteur........ » » 50 » » » BERSEVILLE.La brioche de grand'maman.... » » 50 » »
»   ..Tant pis, tant mieux........ » » 50 » » » LIMAGNE ....Rétameur, raccommodeur.... » » 50 » » »
GILIS....Le petit doigt de maman........ » » 50 » » » »   ....Le gentil parrain.... » » 50 » » »
»   ..Venez Saint Nicolas........ » » 50 » » » »   ....Petit Pierre.... » » 50 » » »
»   ..J'aurai très bien........ » » 50 » » » »   ....La musette du petit Yvon.... » » 50 » »
»   ..Le garçon universel........ » » 50 » » » GEISPITZ ....La ballade du petit clerc.... » » 50 » »
»   ..Les distractions de Paul........ » » 50 » » » MARIETTI....Le mandat-poste.... » » 50 » »

CHANSONNETTES COMIQUES ET ROMANCES *(sans parlé)* (P! Jeunes filles ou Garçons)

DORÉ......Le grand'père prisonnier........Piano et Chant » 50 SPENCER....Le loup et l'escargot...... Piano et Chant » 50
GILIS....A Saint-Nicolas........ » » 50 GILIS ....Le Ballon...... » » 50
WALTRE...La gamme........ » » 50 BOUSQUET. Le Chardonneret (polka chantée).. » » 50
LIMAGNE..Cherchez, vous trouverez........ » » 50 CLÉMENT...Zim ba da boum........ » » 50
»   ..Le loup et l'agneau........ » » 50 LIMAGNE....La ronde des sabots.... » » 50
FÉRALD...Si j'avais un sou........ » » 50 »   ....La tartine (avec parlé) .... » » 50
LIMAGNE....L'alphabet illustré (avec parlé). Piano et Chant » 50.

MONOLOGUES, DIALOGUES, SCÈNES SANS MUSIQUE.

MONOLOGUES (Garçons)

Mes livres de classe .... » 50 L'Uniforme de grand'père........ » 50 Retour des examens du bac........ » 50
Un grand dîner chez nous........ » 50 Lazare Hoche........ » 50 Le médecin pratique........ » 50
Une nuit à la campagne........ » 50 Chez le commissaire........ » 50 Le charlatan nouveau........ » 50
Ah! ces leçons!........ » 50 Monsieur le Règlement........ » 50 J'ai vu sur la ronde macine........ » 50
Dans le pays où se demeure........ » 50 Ah! la ville!........ » 50 Le marchand de bonnets........ » 50
La Comblomanie........ » 50.

MONOLOGUES (jeunes filles)

Qui donc inventa le miroir?........ » 50 Sensitive........ » 50 Grands hommes et grandes femmes.... » 50
Cette pauvre langue!........ » 50 Adieux à la Cloche du Pensionnat. » 50 Si j'étais cuisinière........ » 50
Les petits démons........ » 50 Maudite fée, va!........ » 50 Patati, patata!........ » 50
Gronderie à ma poupée........ » 50 Qui est-ce qui a fait le programme?.. » 50.

DIALOGUES ET SCÈNES (pour Garçons)

Le Boudeur (4 personnages)........ » 50 La pipe et le journal (dialogue) » 50 Une tombola amusante (scène)........ » 50
La Police prophète (plusieurs pers)........ » 50 Le sourd et le médecin » » 50 Le vin et l'eau (dialogue)........ » 50
Casseur provençal et casseur gascon (dialogue) » 50 La Gesticulomanie... » » 50 Une leçon de littérature (dialogue) .... » 50
L'Hyperbolâtrie (dialogue) .... » 50 La Fontaine en comédie (scène).... » 50

DIALOGUES ET SCÈNES (pour jeunes filles)

La Fontaine comique (scène, plusieurs personnages) .... » 50 Le Chat en proverbes (scène, plusieurs personnages)... » 50
Une dispute en calembourgs (dialogue) » 50 Les félicités de la mauvaise humeur (dialogue) » 50 Jour de compliments... (dialogue) » 50
Les mauvais tours de la distraction » » 50 Un dîner sur l'herbe........ » 50 Dire qu'une lettre m'embarrasse » » 50
Les deux petites mamans (dialogue) .... » 50.

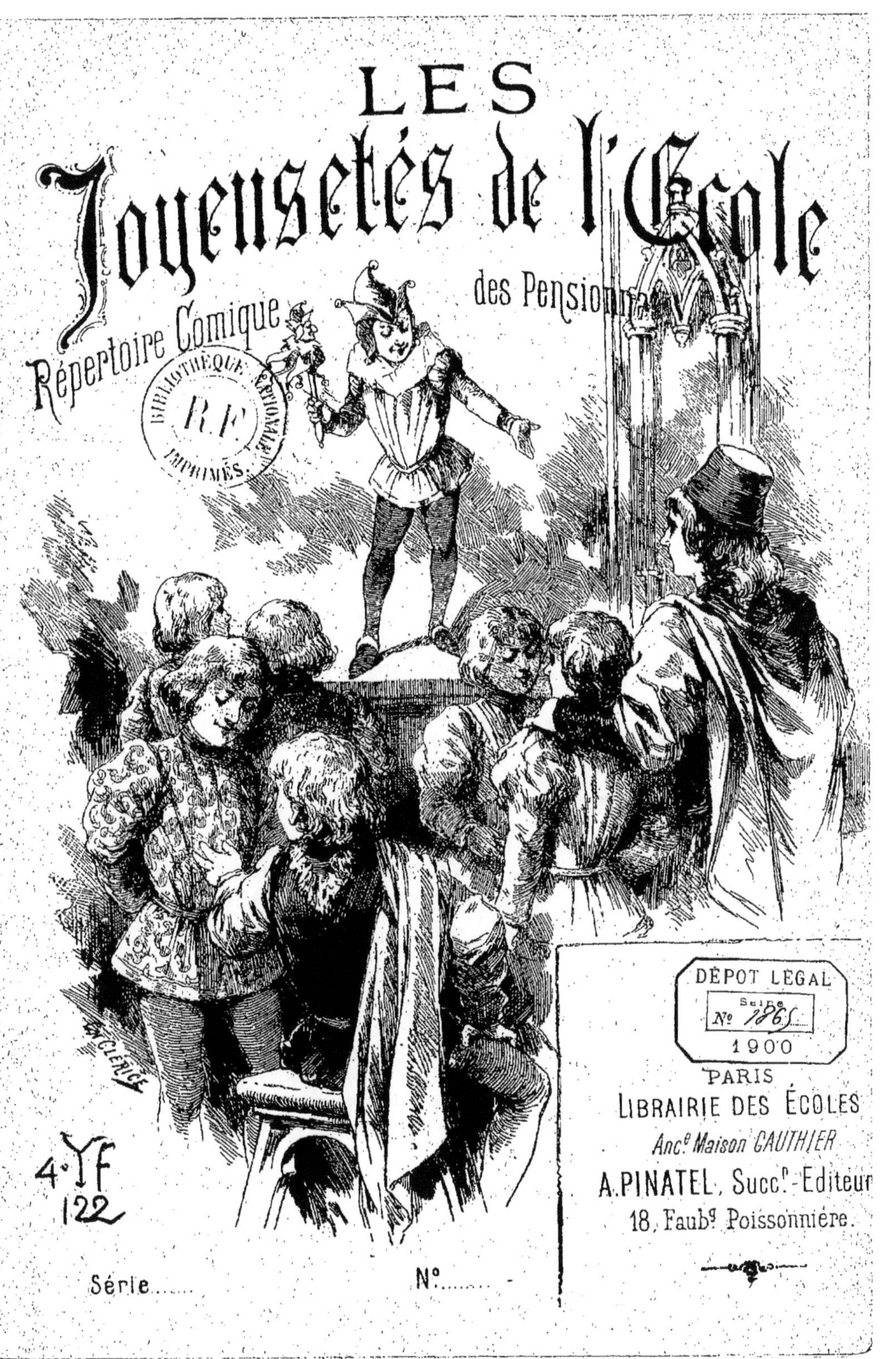

LES
Joyeusetés de l'École
Répertoire Comique
des Pensionna...
BIBLIOTHÈQUE NATIONALE
R.F.
IMPRIMÉS
4° YF 122
Série......
N°......
DÉPOT LÉGAL
Seine
N° 1865
1900
PARIS
LIBRAIRIE DES ÉCOLES
Anc.ᵉ Maison GAUTHIER
A. PINATEL, Succ.ʳ-Editeur
18, Faub.ᵍ Poissonnière.

LE CLOU DES PEUPLES.

MONOLOGUE POUR GARÇON

Prix: 50.º net.   F. PRAZ

A. PINATEL, Éditeur de Musique,18, Faub.ᵍ Poissonnière,PARIS.

Quand il créa la terre et l'onde,
Le grand Maître de l'univers,
Voulant à son œuvre féconde
Donner aussi des clous divers,
Fit l'Himalaya magnifique
Comme le clou des monts géants,
Avec le vaste Pacifique
Comme le clou des océans.

Et lorsque ce globe qui roule
Eut été bâti par ses mains,
Alors sur cette immense boule
Il éparpilla des humains;
Il en forma des types rares,
De toute taille, toutes mœurs;
En fit d'étranges, de bizarres,
Enfin de toutes les couleurs.

Il fit les Noirs d'Ethiopie,
Il fit les Jaunes du Japon,
Il fit les Nains de Laponie,
Et les Géants du Patagon.
Il fit l'aquatique Angleterre
Qui chante: *A moi toutes les mers!*
Il fit pour la brosser en guerre
Le petit peuple des Boërs!...

A P

Des plages terrestres chacune
Se vit couverte d'habitants ;
Elle eut les siens aussi la lune :
Ils vivent tous de merles blancs !
Longtemps le Créateur suprême
Fit croître des peuples partout....
Mais après quatre mille ans même,
Il n'avait pas trouvé leur *clou!*...

En vain chercha-t-il dans leur foule
Ce clou fameux, le Tout-Puissant..
C'est alors qu'il changea de moule
Pour pétrir ce peuple étonnant..
Un jour, riant sous ses lunettes,
Il dit : « Eurêka, j'ai trouvé !!...,..
Peuples de toutes les planètes,
Saluez le peuple rêvé ! »

Ce clou, trouvaille sans seconde,
Où Dieu s'épuisa si longtemps,
Enfonce les peuples du monde
Depuis deux mille cinq cents ans.
Ah ! tron de l'air, cette merveille,
Partout connue, ailleurs aussi,
Mais c'est le peuple de Marseille....
Vrai, comme clou, c'est réussi !...

P. 4074   Mme Maurice Benoist, Grav. rue St Sauveur, 72.   Imp. Dupré, rue du Delta, 26.

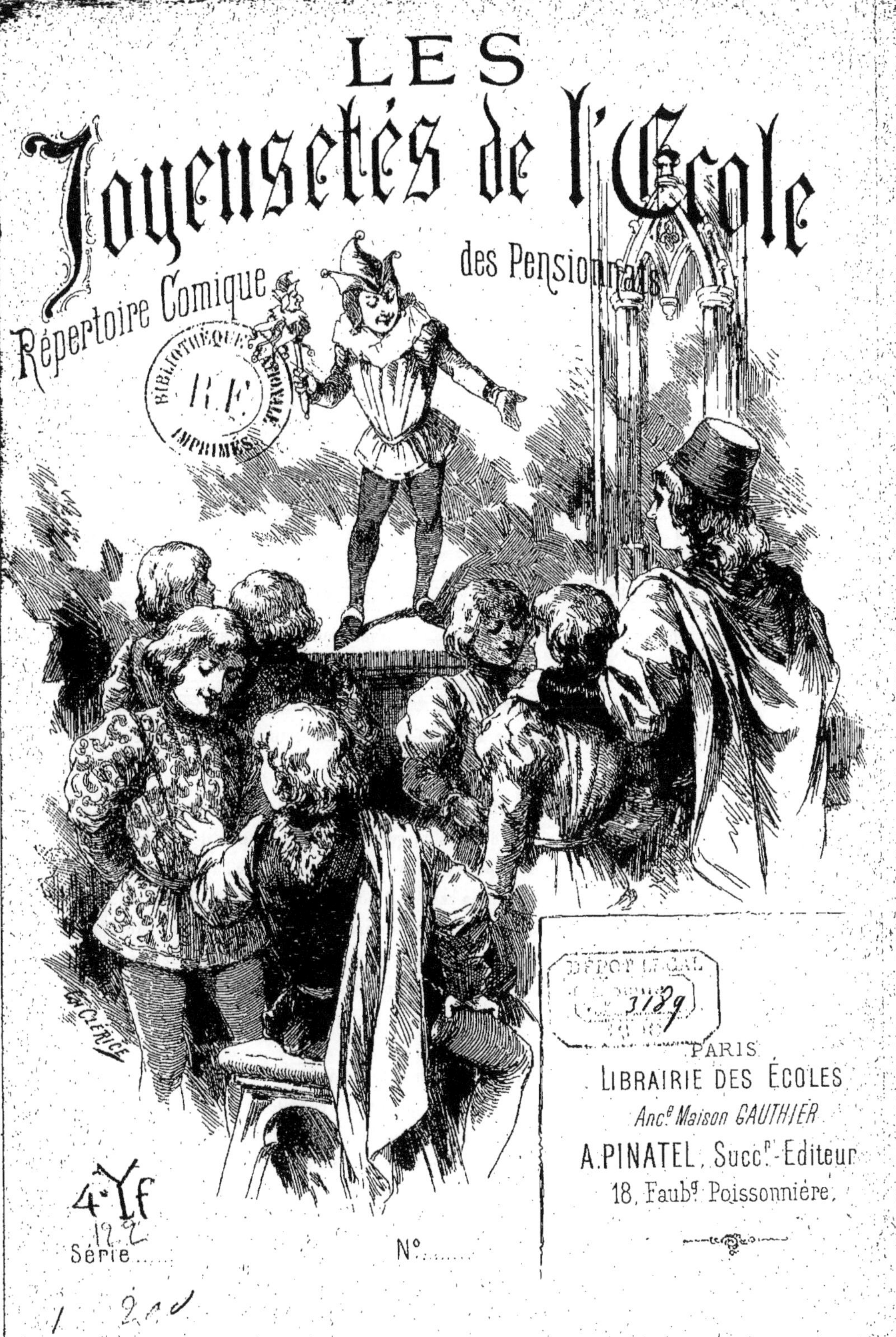

LES
Joyeusetés de l'École
Répertoire Comique
des Pensionnats
PARIS
LIBRAIRIE DES ÉCOLES
Anc.e Maison GAUTHIER
A. PINATEL, Succr-Editeur
18, Faubg Poissonnière

2

LES JOYEUSETÉS DE L'ÉCOLE.

MONSIEUR LE RÈGLEMENT

MONOLOGUE AVEC COUPLETS POUR ÉCOLIER.
Les Couplets peuvent être simplement déclamés.

Prix: 50ᶜ net.   F. PRAZ

A. PINATEL, Editeur de Musique, 18, Faub.ᵍ Poissonnière, PARIS.

Allegretto

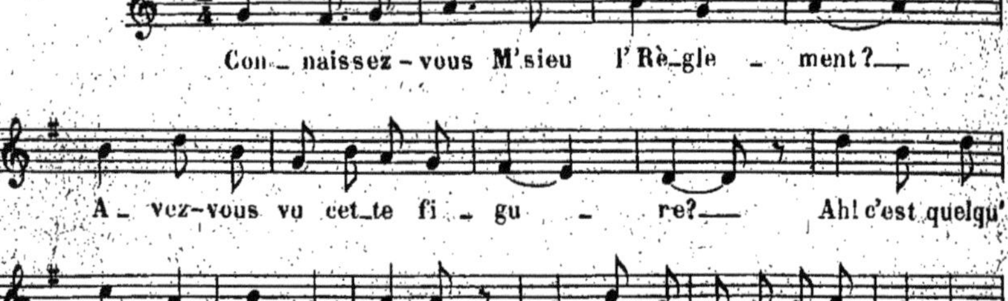

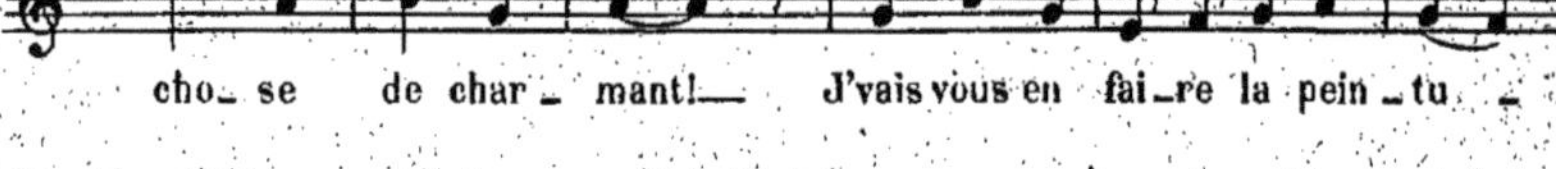

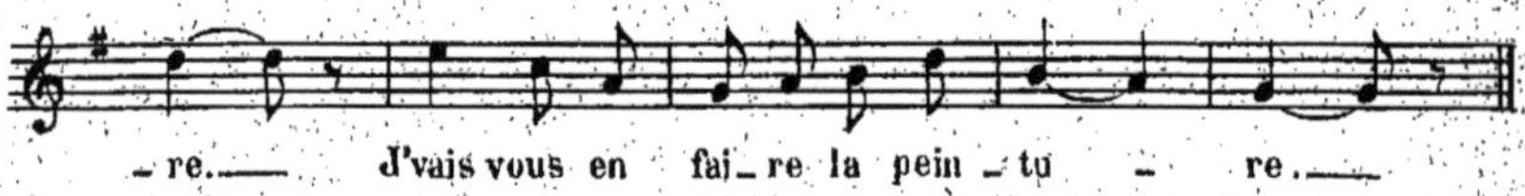

Figurez-vous un grand diable de personnage, raide comme une barre de fer, gracieux comme une porte de prison, qui vous fait toujours des yeux comme des poings, avec, aux pieds, de grosses bottes *à la cuillère*, avec, à la tête, un large chapeau de gendarme où son nom est écrit en grosses lettres majuscules..........

Eh bien, c'est ce grand vilain diable de personnage qui se nomme Mossieu le Règlement. Et dire que nos mamans, qui sont pourtant si bonnes, nous livrent aux mains de ce Croquemitaine, quand elles nous envoient à l'école, car à l'école, c'est à lui que nous avons affaire, et quand nous le manquons, je vous promets qu'il ne nous manque pas, lui.

> *(Chante)* Il nous trace notre devoir;
> Et pour peu qu'on y soit rebelle,
> Oh! c'est alors qu'il nous fait voir
> Comment ce Mossieu-là s'appelle!..

Savez-vous les jolis discours qu'il nous tient, ce Mossieu le Règlement? Car il nous parle du matin au soir, et quand il prend la parole, il ne prend pas de gants, je vous prie de le croire. Nos mamans, elles, nous disent comme ça: Meschoux, mes mignons, mes bibis, soyez bien sages, et vous aurez des dragées. Mais lui, ah! je t'en *ficherai* de mignons et de dragées! Ecoutez-moi ça:

Enfants, il faut m'obéir, entendez-vous, sinon garrre! Je veux que vous arriviez à l'école à l'heure militaire, je veux que vous gardiez le silence en classe, je veux que vous étudiiez vos leçons, je ne veux pas que vous vous amusiez en dehors des récréations que je vous mesure avec parcimonie, sinon garrrrre à ma botte. Hein! est-ce qu'il parle sec, Mossieu le Règlement? Et il nous tient là des journées entières sous sa griffe, comme le chat tient une souris. Des journées entières, nos langues, si remuantes de leur nature, doivent rester captives dans la bouche pour ne pas déplaire à Mossieu, (ce qu'elles se font des cheveux.) Des journées entières il faut nous tenir là sérieux comme des bonnets de nuit, silencieux comme des carpes, immobiles comme des bornes. Des journées entières, enfin, nous, dont il faudrait ménager la cervelle encore tendre, nous devons travailler à nous empiler dans la tête, toutes les règles de la grammaire, tous les problèmes de l'arithmétique, tous les champs de bataille de l'histoire, toutes les mers et toutes les montagnes de la géographie!... Je vous demande après ça si nous sommes des *têtes légères*. Eh bien, tout ça pourquoi? Pour le bon plaisir de Sa Majesté le Règlement. Il le veut, donc il le faut, sinon garrrrrrre.

> *(Chanté)* Oui, oui, Mossieu le Règlement,
> Vous êtes sans miséricorde.
> Et si l'on vous pendait, vraiment,
> C'est pas moi qui coup'rais la corde!

Et puis, ce Mossieu le Règlement, c'est qu'il a à ses trousses une nichée d'enfants qui sont les siens et qui ne sont pas commodes non plus! Ce sont eux qui font la police et qui sont chargés de l'ordre dans la république de l'école. Ou si vous aimez mieux, le Règlement, c'est le pouvoir législatif; les enfants du Règlement, c'est tout à la fois le pouvoir exécutif et judiciaire.

Nous avons donc à compter aussi avec les marmots du président Règlement. Et quand ça s'y met, ça plaisante encore moins que le père. Je vais vous nommer seulement les trois principaux: il y a le petit Mossieu *Piquet;* il y a le petit Mossieu

Pensum, puis il y a Mademoiselle la *Retenue*. Le petit Piquet, écoutez comme ça parle: Pierre, tu viens de manquer de respect à mon père le Règlement, et je t'oblige, de ce chef, à te piquer droit et sans bouger, là, dans ce coin, pendant un quart d'heure, entends-tu?...Et le petit Mossieu Pensum, est-il gracieux quand il dit : Paul, en manquant a l'silence, tu as manqué de respect à mon vénéré père, le Règlement, et tu vas m'écrire trois fois le verbe parler à tort et à travers, tandis que tes camarades s'amuseront. Vite, vite! Hein! n'est-ce pas qu'il est gentil, ce petit Mossieu!...Et Mademoiselle la Retenue, est-elle charmante quand elle nous berce les oreilles d'un discours à peu près ainsi: *(Imiter la voix de fillette)* Jacques, vous faites le paresseux, vous ne savez pas vos leçons, vous bavardez à droite, vous bavardez à gauche, vous dérangez d'ici, vous dérangez de là, et patati et patata; bref, mon pépa le Règlement n'est pas content de vous, et j'ordonne que vous restiez demi-heure en pénitence après le départ de vos camarades, c'est compris?..N'est-ce pas qu'elle a la langue bien pendue cette petite? C'est une fillette d'un aplomb à faire marcher cent mille hommes! Eh bien, voilà, il nous faut pourtant filer doux devant ces trois bambins du Règlement. Oh! ils méritent les honneurs d'un couplet:

> *(Chante)* Vous faites un triste métier
> Enfants que nul de nous ne cherche.
> Vrai, si je vous voyais noyer,
> Pas moi qui vous tendrais la perche.

Revenons vite à nos moutons, ou plutôt à nos loups, c'est-à-dire à Mossieu le Règlement. Ah! nous lui jouerions bien des tours à ce Mossieu. Mais voilà le malheur, c'est que ce Mossieu est un ami intime du maître d'école *(ou du professeur)* et comme nous aimons et respectons notre maître, force nous est de respecter et même d'aimer un peu l'autre. A propos, *(l'acteur regarde inquiet autour de lui)* si le maître avait entendu ma boutade contre son ami, ça pourrait lui faire de la peine. Ah! malheureux que je suis, arrangeons vite notre affaire. Donc, Messieurs, comme vous venez de le voir, le Règlement nous rend les plus grands services; il le faut à l'école, il le faut à la caserne, il le faut partout. C'est lui qui assure l'ordre et la discipline. Sans lui, l'anarchie regnerait en maitresse. Il est bon de lier connaissance avec lui dès l'enfance. Plus tard, quand nous serons pioupious (et j'aspire à cet honneur) nous serons heureux de rencontrer ce vieil ami d'école qui donne tant de force et d'harmonieuse beauté à nos braves armées de soldats. Et voilà pourquoi je termine mon discours en chantant:

> *(Chante)* Honneur à vous M'sieu l'Règlement
> Bien qu'votre loi soit un peu dure,
> Je vous embrasserais vraiment,
> Si vous aviez une figure!

A. PINATEL

ÉDITEUR DE MUSIQUE, 18, FAUBOURG POISSONNIÈRE, PARIS

LES JOYEUSÉTÉS DE L'ÉCOLE

Répertoire Comique des Pensionnats.

EXTRAIT DU CATALOGUE GÉNÉRAL
MONOLOGUES, DIALOGUES, SCÈNES.

MONOLOGUES POUR LES TOUT PETITS, Chacun net. 50°.

Garçons

Histoire d'un bâton de chocolat.	Mon dernier biscuit.
Le petit Missionnaire.	Petit cours de politesse à mon chapeau neuf.
Le petit Orateur.	Petit Rat et petit Chou.

Z'ai vu sur la ronde macine.

Fillettes

A ma petite paresse.	Connaissez-vous mon petit frère?
A ma poupée boudeuse.	Gronderie à ma poupée.
Au petit démon de la gourmandise.	J'ai une langue de pie.
C'est pas tout rose d'être maman.	Leçon à ma poupée terrible.
C'est pas tout rose d'être petite.	Les perfections de ma poupée.

Savez-vous?

MONOLOGUES POUR GARÇONS, Chacun net. 50°.

Ah! ces leçons!	Le nez en proverbes.
Ah! la ville!	Le phonographe.
A mon premier porte-monnaie.	Les automobiles.
Bravo les réformateurs!	Lazare Hoche.
Ça, c'est pour les amis!	L'impôt sur l'esprit monologue auvergnat (couplets ad lib)
Cauthenlon choisit un métier.	L'un était de Bayeux et l'autre de Bayonne.
Chez le commissaire.	L'uniforme de Grand-père.
Dans le pays où ze demeure.	Mémoires d'un automobiliste.
Ecoutez-moi ça, professeurs d'arithmétique!	Mes livres de classe.
En faisant cuire un bifteck.	Monsieur le Reglement.
Hola! de ma pauvre santé!	Naturaliste nouveau siècle.
J'ai raté mon monologue!	Où donc qu'il est le clou de l'Eqchpogichion?
J'étais toujours malade!	Pourquoi qu'on n'a pas bâti les villes à la cam-
La Comblomanie.	pagne? (avec couplets ad lib.)
La fête des Barbes-blanches.	Retour des examens du Bac.
L'Almanach que je voudrais.	Rouget de l'Isle et la Marseillaise. (mon. patriotique)
La première cigarette.	Tout s'arrête, excepté....
Le chat du zouave.	Trois fois roulé.
Le charlatan nouveau.	Une nuit à la campagne.
Le clou des peuples.	Une réclame début de siècle.
Le dîner de l'Auvergnat.	Un grand dîner chez nous.
Le marchand de bonnets.	Un monologue original.
Le Marseillais fabuliste.	Voyage de Niquedouille à Cornichon-les-Blaises.
Le médecin pratique.	Z'ai vu sur la ronde macine.

PETITES SCÈNES ENFANTINES à plusieurs Personnages avec Acct de Piano

GILIS — La poule et ses poussins, (scène imit.) net 50°.	A. de PERIGNAT — Cavalerie légère, Divertissement en-
GILIS — Croquemitaine.................... net. 1f.	fantin avec chants et manœuvres de scène.....net. 1f.
JEANMOUGIN — Deux contre une, dial. et chœur, net. 25°.	PRAZ — Inauguration des vacances, Scène, parlé et
LIMAGNE — Décorés (garçons).......... net. 1f.	chant, pour 12 à 15 fillettes .... net. 1f.
LIMAGNE — Ronde du B, A, ba (garçons)....net. 50°.	PRAZ — Les petits guerriers, Scène, parlé et chant,
	pour 12 à 15 garçons.................. net. 1f.

LES JOYEUSETÉS DE L'ÉCOLE

L'ALMANACH QUE JE VOUDRAIS
MONOLOGUE POUR PETIT ÉCOLIER

Prix: 50° net.

F. PRAZ.

A. PINATEL, Éditeur de Musique, 18, Faub.^g Poissonnière, PARIS.

1

Lorsque décembre nous assiège,
Mon Dieu, comme il en pleut des tas,
— Je ne veux pas dire de neige —
Non, mais de nouveaux almanachs!..
Qu'on en fasse beaucoup, j'approuve;
Mais j'ai beau les lire, jamais,
Chose incroyable, je ne trouve
L'almanach que, moi, je voudrais!...

2

Et pourtant, couleurs sans pareilles,
Images, chatoyant dessin
Illustrent leurs robes vermeilles,
Leurs fraîches robes de vélin!........
C'est en vain que chacun se montre
Joli, splendide et gros d'attraits,
Jamais, hélas! je ne rencontre
L'almanach que, moi, je voudrais.

3

Pourtant d'histoires magnifiques
Leurs pages sont pleines toujours;
On y voit cent récits comiques,
Bons mots, amusants calembourgs!...
N'importe ça: je vous avoue
Que devant même les plus gais
Je m'écrie en faisant la moue:
«Pas l'almanach que je voudrais!...»

A. P. 4220

4

«Et Vermot!» allez-vous me dire,

«Vermot, l'impayable Vermot!

«Vermot, ce long éclat de rire,

«De la gaîté le dernier mot?......»

_Eh bien, Vermot, l'inconcevable

Ne calme pas mieux mes regrets,

Et toujours il reste introuvable

Cet almanach que je voudrais.

5

Qu'ils me racontent mille et une

Choses sur tout comme sur rien,

Toutes les phases de la lune

Et puis du monde aérien,

Et l'heure où le soleil se lève:

En dormirai-je mieux après?........

Non, ça n'est point ce que je rêve

Pour l'almanach que je voudrais.

6

Savez-vous ce qui m'exaspère?..

C'est l'uniforme calendrier.

Pourquoi, pourquoi ne pas en faire

Un spécial pour écolier?..

Ah! cet almanach, ma parole,

C'est celui-là, je vous le dis,

Qui nous marquerait pour l'école

Des semaines de trois jeudis!

(RIDEAU)

A. PINATEL, Editeur de Musique, 18, Faub⁹ Poissonnière, PARIS.

EXTRAIT DU CATALOGUE GÉNÉRAL (Suite)

MONOLOGUES POUR FILLES, Chacun, net .50°.

Adieux à la cloche du pensionnat.	*Maudite fée, va!*
Au petit démon de la gourmandise.	*Panacée universelle et le Roi des cosmétiques.*
Ça vient d'Amérique.	*Patati! patata!*
C'est pas tout rose d'être maman.	*Pour faire goûter la géographie.*
C'est pas tout rose d'être petite.	*Pourquoi il y a si peu de femmes poètes.*
Cette pauvre langue!	*Pourquoi je n'aime pas les tables.*
Écoutez du nouveau sur l'arithmétique.	*Qui donc inventa le miroir?*
Gare le féminisme!	*Qui est-ce qui a fait le programme?*
Grands hommes et grandes femmes.	*Secret pour faire prendre une potion amère.*
Gronderie à ma poupée.	*Sensitive.*
Histoire d'une composition française.	*Si j'avais fait le règlement.*
J'en veux aux Inventeurs.	*Si j'étais cuisinière.*
Le bonheur des illusions.	*Si La Fontaine vivait encore.........*
Le chapeau enchanté.	*Une plaidoirie tout à fait nouvelle.*
Les perfections de ma poupée.	*Vengées!*
Les petits démons.	*Voyez comment fit Perrette!*

DIALOGUES ET SCÈNES POUR GARÇONS, Chacun, net : 50°.

Casseur provençal et casseur gascon.	*Le sourd et le médecin.*
Grand-père autrefois (Scène pour une quinzaine d'enfants)	*Les proverbes de Cauthenlon.*
	Le vin et l'eau.
La Fontaine en comédie. (Scène 7 Personnages)	*Le XIX⁰ siècle et le XX⁰ siècle.*
La gesticulomanie.	*Père Hiver et Roi Printemps.*
La Palice prophète. (Scène 10 Personnages)	*Petit sou et louis d'or.*
Le boudeur. (Scène 4 Personnages)	*Troun de l'air et Cadédis.*
La pipe et le journal.	*Une leçon de littérature.*
Le candidat sourd et l'examinateur.	*Une tombola amusante.* (Scène. Personnages à volonté)
Le clairon et le tambour.	*Un examen.*
L'Hyperbolâtrie.	*Zim ba da boum!* (Parade)

DIALOGUES ET SCÈNES POUR JEUNES FILLES, Chacun, net:50°.

Devine-moi ça!	*Le chat en proverbe* (Scène 3 Personnages)
Dire qu'une lettre m'embarrasse!	*Leçon de littérature magique* (Scène 10 Personnages)
La bonne fée et les petites écolières (Scène pour une dizaine d'écolières)	*L'Été et l'Automne.*
La curiosité.	*Les félicités de la mauvaise humeur.*
La fontaine comique (Scène 12 Personnages)	*Les mauvais tours de la distraction.*
La lettre et la dépêche télégraphique.	*Les deux petites mamans.*
La Mode et la Routine.	*Piano et machine à coudre.*
La Pluie et le Beau temps.	*Un dîner sur l'herbe.*
L'art de complimenter.	*Une dispute en calembours.*
	Zim ba da boum! (Parade)

DUOS ET SCÈNES avec Accomp⁹ de Piano

GARÇONS ou FILLES

BORDÈSE .... *L'alouette et le laboureur* .... net 1f..	LIMAGNE. *L'agneau de l'oncle Pilu* (avec parlé) ....net .50°
LIMAGNE .... *L'escapade* ....net .50°	

GARÇONS

DEMORTREUX *Les deux travailleurs* (Scène à 2 Personnages, ténor et basse) Chant seul net 1f..	LIMAGNE .*Nous avions chacun six sous* (avec parlé) ....net 1f..
Piano et Chant, net 2f.50.	PRAZ .... *Priseur et fumeur* Duo comique avec parlé) ....net 1f..
GILIS......... *Les mirlitons* (Solo et Chœur avec mirlitons) ....net .50°	TRITANT.. *Flûte et tambour* ....net 1f..
LESERRE..... *C'est pas moi, c'est lui!* .... net .50°	TRITANT.. *Clic, clac, paraclac! Da forgeron et postillon.* ....net 1f..
LESERRE..... *Locataire et propriétaire* .. net .50°	TROJELLI. *Premier duel.* ....net .50°
LESERRE..... *Tandem, tandem* ....net .50°	

Comédies, Pièces, Saynètes, Opérettes pour Écoles et Pensionnats, demander le CATALOGUE Spécial à l'Editeur: A. PINATEL, 18, Faub⁹ Poissonnière, PARIS.

A. P. 4244.

A. PINATEL

ÉDITEUR DE MUSIQUE, 18, FAUBOURG POISSONNIÈRE, PARIS.

LES JOYEUSETÉS DE L'ÉCOLE

Répertoire Comique des Pensionnats.

EXTRAIT DU CATALOGUE GÉNÉRAL.

MONOLOGUES, DIALOGUES, SCÈNES.

MONOLOGUES POUR LES TOUT PETITS, Chacun net. 50.c

Garçons

Histoire d'un bâton de chocolat.
Le petit Missionnaire.
Le petit Orateur.
Z'ai vu sur la ronde magine.

Mon dernier biscuit.
Petit cours de politesse à mon chapeau neuf.
Petit Rat et petit Chou.

Fillettes

A ma petite paresse.
A ma poupée boudeuse.
Au petit démon de la gourmandise...
C'est pas tout rose d'être maman.
C'est pas tout rose d'être petite...
Savez-vous?

Connaissez-vous mon petit frère?
Gronderie à ma poupée.
J'ai une langue de pie.
Leçon à ma poupée terrible...
Les perfections de ma poupée.

MONOLOGUES POUR GARÇONS, Chacun net. 50.c

Ah! ces leçons!
Ah! la ville!
A mon premier porte-monnaie.
Bravo les réformateurs!
Ça, c'est pour les amis!
Cauthenlon choisit un métier...
Chez le commissaire.
Dans le pays où ze demeure.
Ecoutez-moi ça, professeurs d'arithmétique!
En faisant cuire un bifteck.
Holà! de ma pauvre santé!
J'ai raté mon monologue!
J'étais toujours malade!
La Comblomanie.
La fête des Barbes-blanches.
L'Almanach que je voudrais.
La première cigarette.
Le chat du zouave.
Le charlatan nouveau.
Le clou des peuples.
Le dîner de l'Auvergnat.
Le marchand de bonnets.
Le Marseillais fabuliste.
Le médecin pratique.

Le nez en proverbes.
Le phonographe.
Les automobiles.
Lazare Hoche.
L'impôt sur l'échprit monologue auvergnat (couplets ad lib)
L'un était de Bayeux et l'autre de Bayonne.
L'uniforme de Grand-père.
Mémoires d'un automobiliste.
Mes livres de classe.
Monsieur le Reglement.
Naturaliste nouveau siècle.
Où donc qu'il est le clou de l'Eqohpogichioh?
Pourquoi qu'on n'a pas bâti les villes à la campagne? (avec couplets ad lib.)
Retour des examens du Bac.
Rouget de l'Isle et la Marseillaise. (mon. patriotique)
Tout s'arrête, excepté....
Trois fois roulé.
Une nuit à la campagne.
Une réclame début de siècle.
Un grand dîner chez nous.
Un monologue original.
Voyage de Niquedouille à Cornichon-les-Blaises.
Z'ai vu sur la ronde magine.

PETITES SCÈNES ENFANTINES à plusieurs Personnages avec Acct. de Piano.

GILIS — La poule et ses poussins, (scène imit.) net 50.c
GILIS — Croquemitaine..................... net. 1.f
JEANMOUGIN — Deux contre une, dial et chœur, net. 25.c
LIMAGNE — Décorés (garçons)............... net. 1.f
LIMAGNE — Ronde du B, A, ba (garçons).... net. 50.c

A. de PÉRIGNAT — Cavalerie légère, Divertissement enfantin avec chants et manœuvres de scène..... net. 1.f
PRAZ — Inauguration des vacances, Scène, parlé et chant, pour 12 à 15 fillettes.............. net. 1.f
PRAZ — Les petits guerriers, Scène, parlé et chant, pour 12 à 15 garçons..................... net. 1.f

Imp. Dupré, rue du Delta, 26.

A. P. 4243.

LES JOYEUSETÉS DE L'ÉCOLE

MÉMOIRES D'UN AUTOMOBILISTE
MONOLOGUE POUR GARÇON

Prix: 50 ° net.

F. PRAZ.

A. PINATEL, Editeur de Musique, 18, Faub⁹ Poissonnière, Paris.

(L'acteur en costume de chauffeur)

PRÉFACE.

Je suis venu trop tôt de vingt-cinq ans pour accomplir les exploits dont l'automobilisme est susceptible.

Toutefois j'estime que je me suis relativement distingué dans ce genre de locomotion encore à l'état d'enfance et que la relation de mes mémoires peut présenter quelque intérêt de curiosité.

CHAPITRE Iᵉʳ

Dans mes premières courses, chauffeur novice, je modérai l'allure de mon teuf-teuf: à peine le train d'un cheval emballé. Chose étrange, j'avais peur d'écraser les bêtes et même les gens: sentiment tout à fait indigne du parfait automobiliste. Qu'on veuille bien pardonner cette faiblesse au pauvre apprenti que j'étais encore!

CHAPITRE IIᵉ

Petit à petit, je devins plus courageux. J'arrivai à filer du 75 à l'heure. Alors commence la série des écrasements. Ma première victime fut un chat. Pauvre minet! je le plaignis et ne pus maîtriser une petite émotion pénible: preuve évidente que ma vocation pour l'automobilisme n'était pas encore bien affermie.

CHAPITRE IIIᵉ

Un jour, vlan, mon auto saute sur deux chiens qui se battaient. J'aurais dû rire, ou tout au moins filer avec indifférence en chauffeur du métier!... Hélas! j'eus la lâcheté de tourner la tête pour voir mes deux duellistes qui étaient raides sur la route. Mais je dois dire à ma décharge que ce mouvement n'était qu'une simple curiosité et que la pitié n'y fut pour rien.

CHAPITRE IVᵉ

En Champagne, je traverse un troupeau de moutons: sept restent sur le carreau et moi je reste tranquille. Ah!...c'est fait! Dorénavant je puis figurer sans honte parmi les voyageurs du genre!........

CHAPITRE Vᵉ

Je n'en suis plus à compter les poulardes que j'ai broyées en Bresse, ni les oies que j'ai massacrées entre Bordeaux et Toulouse, ni les chèvres que j'ai décornées

A. P. 42

vers les Pyrénées!........

Peut-être trouvera-t-on ce détail commun et du dernier vulgaire; mais je le donne en mémorialiste fidèle.

CHAPITRE VI?

Il faut que je consacre ce chapitre à la course que j'ai faite dans la région de Marseille. Là, par exemple, ce que j'ai surtout écrasé, ce sont des canards! Mon Dieu, que de canards! que de canards!........ On ne voit et surtout on n'entend que ça.

Entre temps, j'ai bien renversé quelques centaines de piétons; mais ces Marseillais, dès qu'ils sont écrabouillés, ça court au rhabilleur et ça se porte mieux après qu'avant. Vous comprenez, il n'y a pas de goût. Aussi je n'y suis pas retourné.

CHAPITRE VII?

Je conterai ici l'une des plus grandes déceptions que j'aie éprouvées durant mes campagnes en auto. Voici: un jour, je vis devant moi un piéton dont je n'étais plus qu'à un millier de mètres. « Bon, me dis-je, ce gibier ne m'échappera pas. » Encore cent mètres et j'allais l'atteindre. Paf, voilà-t-il pas un autre auto venant en sens inverse qui gobe mon homme et me l'écrase avant moi!........ J'étais furieux.

CHAPITRE VIII?

C'était foire aux bestiaux dans un canton où je me rendais à toute vitesse. Plein chemin de bœufs, de vaches, de dindons, de moutons et de piétons. Qu'on s'imagine l'hécatombe que j'eus la volupté de coucher en route.

Je me sentais d'humeur à traverser encore le champ de foire, mais je me retins par pitié, oui, par pitié pour ma pauvre machine qui n'en pouvait plus de ses sursauts. Car le malheur veut que nos chers teuf-teuf ne soient pas encore assez à l'épreuve des obstacles à renverser.

CHAPITRE IX?

Ici je me bornerai à formuler un double vœu: et d'abord, c'est que les constructeurs d'auto nous fabriquent des voitures capables de défier toute avarie, quel que soit le corps sur lequel elles passent; en second lieu, si jamais un auto était détraqué en roulant sur quelque monsieur par trop obèse, je demande que le propriétaire de l'auto soit indemnisé. Et pourquoi l'administration ne frapperait-elle pas d'un impôt spécial tout piéton considérable dont le buste proéminent constitue un si gros danger pour l'automobile qui lui roule dessus?........ J'espère que tout cela se fera bientôt pour la gloire et l'honneur de l'automobiliste.

CHAPITRE X? ET DERNIER

En somme j'ai à mon actif un nombre d'écrasements assez honnête, je crois, mais trop modeste encore pour que je puisse en tirer quelque vanité.

Et si le public trouvait qu'en effet, il n'y a pas là de quoi illustrer beaucoup l'automobilisme, je lui répondrai: « Patience, messieurs! Comme je l'ai dit dans ma préface, l'automobilisme est encore à l'état d'enfance. Mais laissez-le se perfectionner. Au train dont il progresse, je me demande si, au milieu du XXe siècle, il y aura encore quelqu'un pour se plaindre!..

A. PINATEL

ÉDITEUR DE MUSIQUE, 18, FAUBOURG POISSONNIÈRE, PARIS.

LES JOYEUSETÉS DE L'ÉCOLE

Répertoire Comique des Pensionnats.

EXTRAIT DU CATALOGUE GÉNÉRAL

MONOLOGUES, DIALOGUES, SCÈNES.

MONOLOGUES POUR LES TOUT PETITS, Chacun net. 50c.

Garçons

Histoire d'un bâton de chocolat.	Mon dernier biscuit.
Le petit Missionnaire.	Petit cours de politesse à mon chapeau neuf
Le petit Orateur.	Petit Rat et petit Chou.

Z'ai vu sur la ronde maçine.

Fillettes

A ma petite paresse.	Connaissez-vous mon petit frère?
A ma poupée boudeuse.	Gronderie à ma poupée.
Au petit démon de la gourmandise.	J'ai une langue de pie.
C'est pas tout rose d'être maman.	Leçon à ma poupée terrible.
C'est pas tout rose d'être petite.	Les perfections de ma poupée.

Savez-vous?

MONOLOGUES POUR GARÇONS, Chacun net. 50c.

Ah! ces leçons!	Le nez en proverbes.
Ah! la ville!	Le phonographe.
A mon premier porte-monnaie.	Les automobiles.
Bravo les réformateurs!	Lazare Hoche.
Ça, c'est pour les amis!	L'impôt sur l'echprit monologue auvergnat (couplets ad. lib)
Cauthenlon choisit un métier.	L'un était de Bayeux et l'autre de Bayonne.
Chez le commissaire.	L'uniforme de Grand-père.
Dans le pays où ze demeure.	Mémoires d'un automobiliste.
Ecoutez-moi ça, professeurs d'arithmétique!	Mes livres de classe.
En faisant cuire un bifteck.	Monsieur le Reglement.
Holà! de ma pauvre santé!	Naturaliste nouveau siècle.
J'ai raté mon monologue!	Où donc qu'il est le clou de l'Eqchpogichion?
J'étais toujours malade!	Pourquoi qu'on n'a pas bâti les villes à la cam-
La Comblomanie.	pagne? (avec couplets ad lib.)
La fête des Barbes-blanches.	Retour des examens du Bac.
L'Almanach que je voudrais.	Rouget de l'Isle et la Marseillaise. (mon. patriotique)
La première cigarette.	Tout s'arrête, excepté ….
Le chat du zouave.	Trois fois roulé.
Le charlatan nouveau.	Une nuit à la campagne.
Le clou des peuples.	Une réclame début de siècle.
Le dîner de l'Auvergnat.	Un grand dîner chez nous.
Le marchand de bonnets.	Un monologue original.
Le Marseillais fabuliste.	Voyage de Niquedouille à Cornichon-les-Blaises.
Le médecin pratique.	Z'ai vu sur la ronde maçine.

PETITES SCÈNES ENFANTINES à plusieurs Personnages avec Acct de Piano

GILIS — La poule et ses poussins, (scène imit.) net 50c	A. de PÉRIGNAT — Cavalerie légère, Divertissement enfantin avec chants et manœuvres de scène. . . . . net. 1f.
GILIS — Croquemitaine . . . . net. 1f.	
JEANMOUGIN — Deux contre une, dial et chœur, net. 25c	PRAZ — Inauguration des vacances, Scène, parlé et chant, pour 12 à 15 fillettes . . . . . . net. 1f.
LIMAGNE — Décorés (garçons) . . . . net. 1f.	
LIMAGNE — Ronde du B, A, ba (garçons) . . . . net . . 50c	PRAZ — Les petits guerriers, Scène, parlé et chant, pour 12 à 15 garçons . . . . net. 1f

Imp. Dupré, rue du Delta, 26.

A. P. 4243.

ÇA, C'EST POUR LES AMIS!..

MONOLOGUE POUR GARÇON

Prix : 50° net.

F. PRAZ.

A. PINATEL, *Editeur de Musique*, 18, *Faub.^g Poissonnière*, PARIS.

Je crois que c'est Socrate........Il y a donc longtemps de ça. Un jour, quelqu'un alla le voir et s'étonna de trouver ce sage dans une *petite maison*, ou plutôt dans une maison très petite. Le philosophe lui répondit : « Plût aux dieux qu'elle fût pleine d'amis! »

Écoutons maintenant l'un de nos plus grands poètes :

« Chacun se dit ami, mais fou qui s'y repose!

« Rien n'est plus commun que le nom,

« Rien n'est plus rare que la chose. »

Ces vers datent du XVIIe siècle.

Ceci dit pour démontrer qu'il y eut toujours disette de bons amis, abondance des autres, et il faut croire que, pour changer, ce sera de même au XXe siècle.

Vous vous demandez où je veux en venir avec un préambule si sérieux!........Eh! parbleu, je veux vous parler des amis!.. Je veux, pour votre gouverne, vous indiquer ceux à qui vous pouvez vous fier, et ceux-là aussi contre lesquels il faut se mettre en garde. Car, vous le savez, dans le choix des amis, jamais on n'apportera trop de discrétion et de prudence.

Ceci exposé, j'entre en matière. Attention!

Et d'abord, à l'homme de vingt-cinq ans qui cherche à donner son cœur, je lui signale « la millionnaire!...» Vous comprenez l'importance de ce conseil.

A. P. 4224.

Voulez-vous d'une amitié qui réellement parfume votre vie, je vous recommande « l'ami.... Mosa. » Il est également précieux l'ami des mauvais jours, c'est pourquoi je vous propose aussi « l'ami..Taine.»

Mais, prenez garde! si vous craignez l'ami pointilleux, pas de commerce avec « l'ami...Nutie, » pas plus qu'avec « l'ami...Nute » qui vous ferait de gros yeux pour peu que vous arriviez en retard.

Vous n'aimeriez pas non plus un ami qui vous assomme de coups,.....permettez, je veux dire de coups d'encensoir, alors évitez d'ami...Gnotise » et même « l'ami.... Gnardise »; ça ne sait que flatter; et si vous tenez à vivre en paix, évitez aussi « l'ami...Lice » ça ne rêve que guerre.

Je vous en prie, ne vous associez jamais avec « l'ami...Don » il est trop empesé, ni avec « l'ami...Opie, » il a la vue trop courte, ni avec « l'ami... Ral », il aime trop l'eau, ni surtout avec « l'ami...Dale » qui vous attrape au cou, mais pas pour vous embrasser, s'il vous plait!

Ah! qu'il est difficile de trouver un ami sans défaut!

En voici un, par exemple, dont la visite fait toujours plaisir, non pas quand elle arrive, mais quand elle s'en va. Oh! qu'elle est énervante! J'en appelle à ceux qui la reçoivent. Donc, fuyez, fuyez, fuyez « l'ami.... Graine. »

Et puis, mes amis, j'espère bien que vous ne vous laisserez pas prendre aux appas de « l'ami....Zère » dont les beaux yeux n'ont d'ailleurs jamais séduit personne!........

Mais le plus terrible encore, ou plutôt la plus terrible, car ça mérite d'être féminin,........oui l'amie qu'il faut redouter plus que les autres, plus que « l'ami...Don, » plus que d'ami...Dale, » plus que « l'ami...Ral, » plus que « l'ami...Zère », plus que d'ami...Graine, » plus que la grêle, enfin, brrrr! sauve qui peut!........

C'est « l'ami.... Traille!........»

(RIDEAU)

24. M.lle CHANTRE. Grav.   Imp. Dupré, rue du Delta, 26.

A. PINATEL

ÉDITEUR DE MUSIQUE, 18, FAUBOURG POISSONNIÈRE, PARIS.

LES JOYEUSETÉS DE L'ÉCOLE

Répertoire Comique des Pensionnats.

EXTRAIT DU CATALOGUE GÉNÉRAL

MONOLOGUES, DIALOGUES, SCÈNES.

MONOLOGUES POUR LES TOUT PETITS, Chacun net. 50ᶜ.

Garçons

Histoire d'un bâton de chocolat.	Mon dernier biscuit.
Le petit Missionnaire.	Petit cours de politesse à mon chapeau neuf.
Le petit Orateur.	Petit Rat et petit Chou.

Z'ai vu sur la ronde maçine.

Fillettes

A ma petite paresse.	Connaissez-vous mon petit frère?
A ma poupée boudeuse.	Gronderie à ma poupée.
Au petit démon de la gourmandise.	J'ai une langue de pie.
C'est pas tout rose d'être maman.	Leçon à ma poupée terrible….
C'est pas tout rose d'être petite.	Les perfections de ma poupée.

Savez-vous?

MONOLOGUES POUR GARÇONS, Chacun net. 50ᶜ.

Ah! ces leçons!	Le nez en proverbes.
Ah! la ville!	Le phonographe.
A mon premier porte-monnaie.	Les automobiles.
Bravo les réformateurs!	Lazare Hoche.
Ça, c'est pour les amis!	L'impôt sur l'echprit monologue auvergnat (couplets ad lib)
Gauthenlon choisit un métier.	L'un était de Bayeux et l'autre de Bayonne.
Chez le commissaire.	L'uniforme de Grand-père.
Dans le pays où ze demeure.	Mémoires d'un automobiliste.
Ecoutez-moi ça, professeurs d'arithmétique!	Mes livres de classe.
En faisant cuire un bifteck.	Monsieur le Règlement.
Holà! de ma pauvre santé!	Naturaliste nouveau siècle.
J'ai raté mon monologue!	Où donc qu'il est le clou de l'Eqchpogichion?
J'étais toujours malade!	Pourquoi qu'on n'a pas bâti les villes à la cam-
La Comblomanie.	pagne? (avec couplets ad. lib.)
La fête des Barbes-blanches.	Retour des examens du Bac.
L'Almanach que je voudrais.	Rouget de l'Isle et la Marseillaise, (mon. patriotique)
La première cigarette.	Tout s'arrête, excepté….
Le chat du zouave.	Trois fois roulé.
Le charlatan nouveau.	Une nuit à la campagne.
Le clou des peuples.	Une réclame début de siècle.
Le dîner de l'Auvergnat.	Un grand dîner chez nous.
Le marchand de bonnets.	Un monologue original.
Le Marseillais fabuliste.	Voyage de Niquedouille à Cornichon-les-Blaises.
Le médecin pratique.	Z'ai vu sur la ronde maçine.

PETITES SCÈNES ENFANTINES à plusieurs Personnages avec Acct de Piano

GILIS — La poule et ses poussins, (scène imit.) net 50ᶜ	A. de PÉRIGNAT — Cavalerie légère, Divertissement en-
GILIS — Croquemitaine……………… net 1ᶠ	fantin avec chants et manœuvres de scène……net 1ᶠ.
JEANMOUGIN — Deux contre une, dial et chœur, net 25ᶜ	PRAZ — Inauguration des vacances, Scène, parlé et
LIMAGNE — Décorés (garçons)…………net 1ᶠ	chant, pour 12 à 15 fillettes……………… net 1ᶠ.
LIMAGNE — Ronde du B, A, ba (garçons)…net 50ᶜ	PRAZ — Les petits guerriers, Scène, parlé et chant,
	pour 12 à 15 garçons…………………net 1ᶠ.

LA FÊTE DES BARBES-BLANCHES
MONOLOGUE POUR GARÇON

Prix: 50° net.

F. PRAZ.

A. PINATEL, Editeur de Musique, 18, Faub.^g Poissonnière, PARIS.

Je reviens d'un petit village où l'on se fait très vieux et dont les nombreux octo-génaires forment une société qu'on appelle la société des Barbes-Blanches.

Naturellement, comme toute société qui se respecte, chaque année ils ont leur fête. Or, j'ai assisté à leur dernière fête, et j'ai pu constater que toutes ces barbes blanches ai-ment la gaîté et savent parfaitement s'amuser.

Après le banquet, ils ont fait le tour du village au pas. Il faut que je vous fasse jouir de ce défilé: rien n'est plus drôle.

En tête du cortège des Barbes-Blanches, marchaient le père Gamme et le père Siffleur qui jouaient de la musique, et le père Itoine qui battait du tambour.

Puis venaient le père Sonnage, le maire de l'endroit, et le père Venche qui portait un bouquet.

Le père Dreau suivait le père Drix.

Le père Hon, voûté comme un escalier, coudoyait le père Hou, un Crésus tout cou-su d'or. Le père Uque, chapeau à la main, était tout fier de montrer qu'il avait encore tous ses cheveux. Le père Pendiculaire, géomètre, causait avec le père Chlorate surnommé le Chi-miste, parce qu'il répare les cheminées. Le père Imètre, dans sa joie, comme il est tailleur, voulait prendre mesure de tous ses collègues pour leur faire des habits. Un seul n'avait pas l'air content, c'est le père Quisition qui aurait volontiers fouillé toutes les poches, parce qu'on lui avait pris sa tabatière. Le père Limpinpin, au contraire, offrait des prises à tous les nez, tellement il était joyeux.

Oh! cette gaîté! Le père Mutation changeait de place à tout bout de champ; le père Du ne savait plus où il en était et le père Clus, qui a une jambe avec lui et l'autre en Cri-mée, marchait gaillardement en faisant: *(imiter en boitant)* 4 et 3 font 7, 4 et 3 font 7!

A. P. 422

Il y avait un tout petit vieux qui courait de l'un à l'autre et qui *rasait* tout le monde ; on m'a dit que c'était le père Uquier.

Mais celui qui bavardait le plus, c'est encore le père Oquet qui s'appuyait sur son ami le père Choir. L'ensemble était vraiment intéressant !

De retour à l'hôtel du banquet, un petit incident s'est produit parmi les barbes blanches. Voilà que le père Cepteur et le père Sécuteur, deux bons vieux amis cependant, se prennent de querelle et s'adressent de gros mots. En vain le père Sévère leur fait de grands yeux pour leur en imposer, ils vont jusqu'à se menacer du poing !... Le père Tuis et le père Foré avaient tellement peur qu'ils se seraient cachés dans un trou ; le père Plexe tout anxieux, se demandait comment cela finirait.........

Heureusement, les deux adversaires ont été réconciliés par le père In-Dandin qui a réussi à les faire embrasser !........ On a trinqué là-dessus et la gaîté est revenue plus bruyante que jamais.

On a prononcé un superbe discours. Ce discours a été commencé par le père Iphrase, continué par le père Iode et terminé par le père Oraison.........

En somme la fête a été charmante, tellement que toute la tribu des nombreuses grand'mères du lieu en ont été jalouses ; et immédiatement elles ont aussi constitué une société, la Société des Grand'Mères.

Déjà la mère Credi a fixé le jour de leur fête, et pour le banquet, la mère Inos a offert des gigots de mouton, la mère Tume une bonne salade de chicorée et la mère Luche des poissons frais.

La mère Picon doit payer l'apéritif.

La mère Ci et une kyrielle d'autres se sont fait inscrire pour prononcer des discours. Ça promet d'être ravissant.

Ecoutez, j'irai aussi à cette fête et je vous dirai comment les choses se seront passées. Seulement pour des raisons faciles à comprendre, je renonce d'avance à vous rendre compte des discours !........

(RIDEAU)

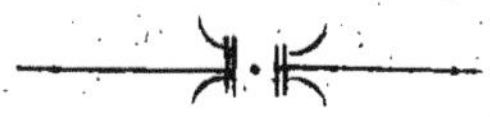

4221. Mlle CHANTRE, Gr.   Imp. Dupré, rue du Delta, 28.

EN FAISANT CUIRE UN BIFTECK.

MONOLOGUE POUR GARÇON

Prix: 50 ̧ net.   F. PRAZ.

A. PINATEL, *Editeur de Musique*, **18**, *Faub.ᵍ Poissonnière*, **PARIS**.

Parfaitement, c'est Blaise, tout Blaise qu'il est, qui a trouvé ça!

Ce qu'il a trouvé?........Ah! par exemple, je vous le donne en dix, en cent, en mille, en cent mille!........vous ne devinerez pas. Et pourtant c'est une chose qui intéresse un peu tout le monde. Ah! ce qu'il a trouvé! Est-ce le ballon dirigeable?_Non_. Est-ce la pierre philosophale?_Non. La solution de la question sociale?_Nenni toujours. Serait-ce enfin pour les Anglais le moyen de ne plus se laisser donner des raclées par les petits Boërs?._Non, non, heureusement. C'est inutile, vous pouvez jeter votre langue au chat.

Eh bien, Blaise a trouvé........attention! il a trouvé pourquoi la terre tourne!...............

Vous allez me dire: « Votre Blaise a sans doute trouvé ça un jour qu'il était *rond*!» Pardon, il n'était pas *rond*, il faisait cuire un bifteck. D'ailleurs, remarquez, il n'a pas trouvé que la terre tourne, ça c'est de la science connue, mais il a découvert *pourquoi* elle tourne. C'était là le hic.

Ah! ce Blaise, depuis longtemps cette idée lui tourneboulait la tête, pendant qu'il tournait la broche, car vous saurez qu'il est cuisinier de son métier pour vous servir. Mais_qui le croirait_sa plus chère distraction, c'est l'astronomie; il a toujours l'esprit tourné en l'air; il ne peut pas tenir la queue d'une poêle sans penser à la queue des comètes, et il vous tourne les plus difficiles problèmes comme une omelette.

Ainsi, figurez-vous qu'un jour il me confia qu'il avait trouvé le moyen de faire le tour de la terre sans bouger ....«Ah! lui répondis-je, ça ne doit pas être

                                A. P. 42

commode!»_« Simple comme bonjour, me dit Blaise. Ecoute. Tu sais que la terre fait un tour sur elle-même en **24** heures, pas?»_« Oui. »_«Bien. Je prends un ballon; je me mets dedans; je m'élève bien haut, bien haut dans l'air, pour que la cime des montagnes ne crève pas mon ballon en passant. Puis arrivé hors de l'atteinte du Mont-Blanc et de l'Himalaya, je me tiens immobile avec mon ballon et je regarde la terre tourner pendant juste **24** heures. Et ça y est! J'ai ainsi fait le tour de la terre sans bouger!........» Hein!.. vous comprenez qu'un homme capable d'un raisonnement si *élevé* puisse expliquer pourquoi la terre tourne!........

Donc Blaise cherchait à résoudre cette grosse question sur laquelle il avait en vain consulté la science. Les savants, disait-il en étendant sur le feu un large et épais bifteck, les savants ne font que tourner autour du problème; ils parlent de la *rotation* de la terre......... Eh! je sais bien que la terre a parfois le *hoquet*: le Vésuve en est une preuve!........ Mais ça ne m'explique pas pourquoi elle tourne.

Que les savants sont donc bêtes!

Et le bifteck chantait gaîment dans la poêle. Tout à coup, une odeur de brûlé l'avertit qu'il était temps de le tourner son bifteck. Et en le tournant, il s'écrie: «Mais c'est ça! c'est parfaitement ça! Cette fois, j'y suis. Oh! que c'était simple, et dire que je n'y avais pas songé plus tôt! Gros Jacquot que je suis, va!........»

Blaise venait de découvrir la cause du mouvement tournant de la terre.

Voici comment il tourne sa théorie. Elle vaut d'être connue, sinon crue. Ecoutez: la terre tourne sur elle-même autour du soleil, parce que, si elle ne tournait pas, elle aurait une face plus rôtie que l'autre, étant toujours grillée du même côté!........

Là-dessus, je crois qu'on peut tirer l'échelle.......et le rideau!

(RIDEAU)

P. 4225. Mlle CHANTRE, Grav.   Imp. Dupré, rue du Delta 26.

A. PINATEL

ÉDITEUR DE MUSIQUE, 18, FAUBOURG POISSONNIÈRE, PARIS.

LES JOYEUSETÉS DE L'ÉCOLE

Répertoire Comique des Pensionnats.

EXTRAIT DU CATALOGUE GÉNÉRAL
MONOLOGUES, DIALOGUES, SCÈNES.

MONOLOGUES POUR LES TOUT PETITS, Chacun net. 50ᶜ.

Garçons

Histoire d'un bâton de chocolat.
Le petit Missionnaire.
Le petit Orateur.
Z'ai vu sur la ronde maçine.

Mon dernier biscuit.
Petit cours de politesse à mon chapeau neuf
Petit Rat et petit Chou.

Fillettes

A ma petite paresse.
A ma poupée boudeuse.
Au petit démon de la gourmandise.
C'est pas tout rose d'être maman.
C'est pas tout rose d'être petite.
Savez-vous ?

Connaissez-vous mon petit frère ?
Gronderie à ma poupée.
J'ai une langue de pie.
Leçon à ma poupée terrible.
Les perfections de ma poupée.

MONOLOGUES POUR GARÇONS, Chacun net. 50ᶜ.

Ah! les leçons !
Ah! la ville !
A mon premier porte-monnaie.
Bravo les réformateurs !
Ça, c'est pour les amis !
Cauthenlon choisit un métier.
Chez le commissaire.
Dans le pays où ze demeure.
Ecoutez-moi ça, professeurs d'arithmétique !
En faisant cuire un bifteck.
Holà! de ma pauvre santé !
J'ai raté mon monologue !
J'étais toujours malade !
La Comblomanie.
La fête des Barbes-blanches.
L'Almanach que je voudrais.
La première cigarette.
Le chat du zouave.
Le charlatan nouveau.
Le clou des peuples.
Le dîner de l'Auvergnat.
Le marchand de bonnets.
Le Marseillais fabuliste.
Le médecin pratique.

Le nez en proverbes.
Le phonographe.
Les automobiles.
Lazare Hoche.
L'impôt sur l'echprit monologue auvergnat (couplets au lib)
L'un était de Bayeux et l'autre de Bayonne.
L'uniforme de Grand-père.
Mémoires d'un automobiliste.
Mes livres de classe.
Monsieur le Règlement.
Naturaliste nouveau siècle.
Où donc qu'il est le clou de l'Eqchpogiehion ?
Pourquoi qu'on n'a pas bâti les villes à la campagne ? (avec couplets ad lib.)
Retour des examens du Bac.
Rouget de l'Isle et la Marseillaise. (mon. patriotique)
Tout s'arrête, excepté ....
Trois fois roulé.
Une nuit à la campagne.
Une réclame début de siècle.
Un grand dîner chez nous.
Un monologue original.
Voyage de Niquedouille à Cornichon-les-Blaises.
Z'ai vu sur la ronde maçine.

PETITES SCÈNES ENFANTINES à plusieurs Personnages avec Acct de Piano.

GILIS — *La poule et ses poussins,* (scène imit.) net 50ᶜ
GILIS — *Croquemitaine.* .... net. 1ᶠ...
JEANMOUGIN — *Deux contre une,* dial et chœur, net. 25ᶜ
LIMAGNE — *Décorés* (garçons), ... net. 1ᶠ
LIMAGNE — *Ronde du B, A, ba* (garçons) .... net .. 50ᶜ

A. de PÉRIGNAT — *Cavalerie légère,* Divertissement enfantin avec chants et manœuvres de scène. , ... net. 1ᶠ.
PRAZ — *Inauguration des vacances,* Scène, parlé et chant, pour 12 à 15 fillettes .... net. 1ᶠ.
PRAZ — *Les petits guerriers,* Scène, parlé et chant, pour 12 à 15 garçons .... net. 1ᶠ

A. P. 4243.

LES JOYEUSETÉS DE L'ÉCOLE

J'AI RATÉ MON MONOLOGUE!..

LAMENTATION COMIQUE POUR GARÇON

Prix: 50° net.   F. PRAZ.

A. PINATEL, Editeur de Musique, 18, Faub.⁹ Poissonnière, PARIS.

(*Larmoyant*) Oh! ce pauvre monologue!.. Je l'avais préparé pendant quinze jours et presque autant de nuits!.. Je le savais à la perfection, avec gestes, avec nuances et tout!...... J'étais comme sûr que l'auditoire allait m'admirer, m'applaudir, me croquer, et que jamais acteur n'aurait eu un semblable triomphe!.. Et dire que j'ai raté mon monologue... (*il pleure*) oui, oui!!... raté!!... tout ce qu'il y a... de plus... raté!!.. Ah! coquine d'émotion, tu m'en as fait une, va!

Jamais je n'avais déclamé en public: il s'agissait donc de me poser... C'était mon premier monologue, un beau monologue patriotique!..... A peine ai-je *gagné* la scène que j'ai *perdu* la tête..., Il fallait faire voir comme on bat l'ennemi, et l'on n'a vu qu'une chose, c'est comme je battais la campagne!........

J'ai d'abord raté tous les gestes: ainsi, parlant de la Prusse, je devais la désigner, là, du côté de la Forêt *Noire*, et je l'indiquais là-bas, vers la mer *Rouge*!... J'étais complètement *gris* d'émotion, et je n'y voyais que du *bleu*!........

Et puis, tout le temps, la langue m'a fourché. Un endroit du monologue décrivait une bataille terrible; ça disait: «C'était tellement effrayant que les cheveux se dressaient sur la tête.» Moi je disais: « C'était tellement effrayant que les *chevaux* se dressaient sur la tête!....»

Et puis ces liaisons que je faisais!......Oh! pas possible, moi qui avais toujours le prix de lecture à l'école!..Ainsi, je disais: « Les *z'hulans* s'avancèrent, bardés de fer comme des *z'hé-rissons*, vilains comme des *z'hiboux*, et poussant d'affreux *z'hur-lements*. Ils voulaient se faire passer pour des *z'héros*.......»Vite le souffleur me souffla que je faisais trop de liaisons, et après, je n'osais plus en faire, des liaisons, et je disais comme ça: «Rien n'est brave comme un......*houave*, et il fit merveille le......... héroïque régiment de nos *(pas de liaison) houaves* d'Afrique!»Qu'ils me pardonnent, ces bons zouaves, de leur avoir ainsi *coupé la tête*: je ne savais pas où j'avais la mienne; j'étais là comme une buse... Eh! tenez, à propos de *buse*: il y avait dans mon monologue: «Les obus pleuvaient.» Arrivé à ce passage *des obus*, comme ef-frayé, je m'arrête net: je me demandais s'il fallait faire sentir l's et dire: «Les *obuzes* pleuvaient,» ou «les *obu* pleuvaient.........»

Et dans mon hésitation, je voyais confusément ces deux Mar-seillais dont l'un disait à l'autre:«On m'a appris que *t'étais* poète; est-ce vrai que tu fais des *verses?......*» « Mais oui, j'en *faisse*,» répondit l'autre!

Ah! ça vous amuse, tandis que je suis si triste, si triste d'avoir raté mon monologue!........Moi qui voulais tant faire de l'effet!......moi qui comptais sur un succès.......bœuf!......... *(Il pleure)* Oh!......j'en pleurerais.........com........comme un veau!...

Ayez pitié de moi, mesdames et messieurs!

(Subitement gai) Tenez, pour me montrer que, si j'ai raté mon pre-mier monologue, j'ai été plus heureux dans *le second*, flanquez-moi une bonne claque!........

(*RIDEAU*)

A. PINATEL

ÉDITEUR DE MUSIQUE, 18, FAUBOURG POISSONNIÈRE, PARIS.

LES JOYEUSETÉS DE L'ÉCOLE

Répertoire Comique des Pensionnats.

EXTRAIT DU CATALOGUE GÉNÉRAL
MONOLOGUES, DIALOGUES, SCÈNES.

MONOLOGUES POUR LES TOUT PETITS, Chacun net. 50c.

Garçons

Histoire d'un bâton de chocolat.	Mon dernier biscuit.
Le petit Missionnaire.	Petit cours de politesse à mon chapeau neuf.
Le petit Orateur.	Petit Rat et petit Chou.

Z'ai vu sur la ronde maçine.

Fillettes

A ma petite paresse.	Connaissez-vous mon petit frère?
A ma poupée boudeuse.	Gronderie à ma poupée.
Au petit démon de la gourmandise.	J'ai une langue de pie.
C'est pas tout rose d'être maman.	Leçon à ma poupée terrible.
C'est pas tout rose d'être petite.	Les perfections de ma poupée.

Savez-vous ?

MONOLOGUES POUR GARÇONS, Chacun net. 50c.

Ah! ces leçons!	Le nez en proverbes.
Ah! la ville!	Le phonographe.
A mon premier porte-monnaie.	Les automobiles.
Bravo les réformateurs!	Lazare Hoche.
Ça, c'est pour les amis!	L'impôt sur l'echprit monologue auvergnat (couplets ad lib)
Cauthenlon choisit un métier.	L'un était de Buyeux et l'autre de Bayonne.
Chez le commissaire.	L'uniforme de Grand-père.
Dans le pays où ze demeure.	Mémoires d'un automobiliste.
Ecoutez-moi ça, professeurs d'arithmétique!	Mes livres de classe.
En faisant cuire un bifteck.	Monsieur le Règlement.
Hola! de ma pauvre santé!	Naturaliste nouveau siècle.
J'ai raté mon monologue!	Où donc qu'il est le clou de l'Eqchpogichion?
J'étais toujours malade!	Pourquoi qu'on n'a pas bâti les villes à la campagne? (avec couplets ad lib.)
La Comblomanie.	
La fête des Barbes-blanches.	Retour des examens du Bac.
L'Almanach que je voudrais.	Rouget de l'Isle et la Marseillaise. (mon. patriotique).
La première cigarette.	Tout s'arrête, excepté....
Le chat du zouave.	Trois fois roulé. ___
Le charlatan nouveau.	Une nuit à la campagne.
Le clou des peuples.	Une réclame début de siècle.
Le dîner de l'Auvergnat.	Un grand dîner chez nous.
Le marchand de bonnets.	Un monologue original.
Le Marseillais fabuliste.	Voyage de Niquedouille à Cornichon-les-Blaises.
Le médecin pratique.	Z'ai vu sur la ronde maçine.

PETITES SCÈNES ENFANTINES à plusieurs Personnages avec Acct de Piano

GILIS — La poule et ses poussins, (scène imit.) net 50c	A. de PÉRIGNAT — Cavalerie légère, Divertissement enfantin avec chants et manœuvres de scène..... net. 1f.
GILIS — Croquemitaine...................... net. 1f....	
JEANMOUGIN — Deux contre une, dial et chœur, net. 25c	PRAZ — Inauguration des vacances, Scène, parlé et chant, pour 12 à 15 fillettes................. net. 1f.
LIMAGNE — Décorés (garçons)............... net. 1f.	
LIMAGNE — Ronde du B, A, ba (garçons).... net.. 50c	PRAZ — Les petits guerriers, Scène, parlé et chant, pour 12 à 15 garçons................. net. 1f.

A. P. 4243. —

4° Yf 122

NATURALISTE « NOUVEAU SIÈCLE ! »

MONOLOGUE POUR GARÇON

Prix: 50ᶜ net.   F. PRAZ.

A . PINATEL, Éditeur de Musique, 18, Faub? Poissonnière, PARIS.

L'autre jour, je rendis visite à l'un de mes amis, naturaliste enragé qui pousse son étude *très loin*, comme vous allez le voir.

« Eh bien, lui demandai-je, où en es-tu de ton ouvrage?........ » — « Mon cher, répond-il triomphant, je travaille à la classification des oiseaux; j'en suis aux pies; j'étudie les pies; j'ai déjà découvert quarante variétés de pies. » — « Quarante variétés de pies!........ Autant que d'Académiciens, lui dis-je en riant. Mais Buffon n'en compte........ » — « Buffon, m'interrompt-il, ah! Buffon, mais c'est qu'on a fait du chemin depuis ton Buffon du XVIIIᵉ siècle! »

Bref, je témoignai à mon ami le désir de faire un peu connaissance avec ses quarante variétés de pies. « Bien volontiers, » me fait-il. Et ajustant son lorgnon sur le nez, majestueux comme un professeur de faculté, il se met à me jacasser son cours sur les pies avec une gravité à faire tordre le plus impassible.

« Les pies, dit-il, je les divise en quatre sortes: celle des espèces utiles, celle des espèces nuisibles, celle des espèces curieuses, et celle des espèces savantes.

Parmi les utiles, nous avons principalement la pi........ Loselle dont le bouillon est très apprécié et puis une autre tellement chère à tout le monde qu'on *l'adore* quelquefois, c'est la pi........ Lule!........ Nous avons encore la pi.... Astre qui joue un grand rôle dans le commerce, et la pi........ Quette qui a le privilège de nous mettre en joie et de nous faire bavarder tant qu'on veut aussi. »

Vous pensez si j'étais amusé d'entendre ça!

« Maintenant, continua mon ami, toujours sérieux, parmi les espèces nuisibles, il faut compter la pi........ Corée qui vit de maraude, la pi........ Aniste qui fait un sabbat à incommoder tout le monde, la pi..... Qûre dont le bec est très méchant et produit des inflammations sur la peau, la pi.....Cador qui vit surtout en Espagne où on la voit poursuivre des taureaux, et enfin la pi......Liarde qui ne peut s'acclimater que dans les colonies anglaises............J'oubliais de te nommer la *pie panthère* qui règne aux îles fumeuses de Gambier et dont l'haleine renverse tous ceux qui l'approchent.

Passons, poursuivit mon naturaliste, aux pies curieuses. Parmi celles-ci, remarquons la pi......Rouette qui danse sur elle-même, la pi......Voine que distingue un beau plumage vermeil. Connais-tu la plus petite de toutes ?........C'est la py......Gmée qu'on rencontre chez les Esquimaux. Par contre la plus grosse, c'est la py......Ramide qui affectionne particulièrement l'Egypte; toutefois à Paris on a pu en élever une qui de la patte à la tête mesure 300 mètres.

Enfin, mon cher, il y a les pies savantes. Ainsi nous devons la table de multiplication à la Py......Thagore, et sans la py......Rotechnie, jamais nous ne pourrions faire de feux d'artifice. Il y en a même une qui joue le rôle de Mademoiselle Couénon de la rue Paradis, c'est-à-dire qu'elle prédit l'avenir; c'est la fameuse py....Thonisse.

Tu vois, conclut mon ami, que les pies ne manquent pas !........

Il me reste à te parler des pies *sans plumes*, écoute........»_« Chut !........»
Là, j'arrête l'orateur, parce que j'ai vu que son discours allait prendre des proportions trop étendues, et je lui dis : « Je ne sais pas si c'est la pi.....Quette ou une autre pie qui t'inspire, mais tu peux te piquer de n'avoir pas la pépie non plus. Ton travail sur les pies est remarquable et sera remarqué. Fais un rapport à l'Académie des sciences, tu es sûr d'un prix, à moins que cette Académie ne compte parmi ses membres quelques filles d'Eve......... Dans ce cas, mon pigeon, tu risques fort de te faire plumer !........»

(RIDEAU).

EXTRAIT DU CATALOGUE GÉNÉRAL (Suite)

MONOLOGUES POUR FILLES, Chacun, net. 50¢.

Adieux à la cloche du pensionnat.
Au petit démon de la gourmandise.
Ça vient d'Amérique.
C'est pas tout rose d'être maman.
C'est pas tout rose d'être petite.
Cette pauvre langue !
Écoutez du nouveau sur l'arithmétique.
Gare le féminisme !
Grands hommes et grandes femmes.
Gronderie à ma poupée.
Histoire d'une composition française.
J'en veux aux Inventeurs.
Le bonheur des illusions.
Le chapeau enchanté.
Les perfections de ma poupée.
Les petits démons.

Maudite fée, va !
Panacée universelle et le Roi des cosmétiques.
Patati ! patata !
Pour faire goûter la géographie.
Pourquoi il y a si peu de femmes poètes.
Pourquoi je n'aime pas les tables.
Qui donc inventa le miroir ?
Qui est-ce qui a fait le programme ?
Secret pour faire prendre une potion amère.
Sensitive.
Si j'avais fait le règlement.
Si j'étais cuisinière.
Si La Fontaine vivait encore.........
Une plaidoirie tout à fait nouvelle.
Vengée !
Voyez comment fit Perrette !

DIALOGUES ET SCÈNES POUR GARÇONS, Chacun, net : 50¢.

Casseur provençal et casseur gascon.
Grand-père autrefois (Scène pour une quinzaine d'enfants)
La Fontaine en comédie. (Scène 7 Personnages)
La gesticulomanie.
La Palice prophète. (Scène 10 Personnages)
Le boudeur. (Scène 4 Personnages)
La pipe et le journal.
Le candidat sourd et l'examinateur.
Le clairon et le tambour.
L'Hyperbolâtrie.

Le sourd et le médecin.
Les proverbes de Cauthenlon.
Le vin et l'eau.
Le XIXe siècle et le XXe siècle.
Père Hiver et Roi Printemps.
Petit sou et louis d'or.
Troun de l'air et Cadédis.
Une leçon de littérature.
Une tombola amusante. (Scène. Personnages à volonté)
Un examen.
Zim ba da boum ! (Parade)

DIALOGUES ET SCÈNES POUR JEUNES FILLES, Chacun, net : 50¢.

Devine-moi ça !
Dire qu'une lettre m'embarrasse !
La bonne fée et les petites écolières (Scène pour une dizaine d'écolières).
La curiosité.
La fontaine comique (Scène 12 Personnages)
La lettre et la dépêche télégraphique.
La Mode et la Routine.
La Pluie et le Beau temps.
L'art de complimenter.

Le chat en proverbe (Scène 3 Personnages)
Leçon de littérature magique (Scène 10 Personnages)
L'Été et l'Automne.
Les félicités de la mauvaise humeur.
Les mauvais tours de la distraction.
Les deux petites mamans.
Piano et machine à coudre.
Un dîner sur l'herbe.
Une dispute en calembours.
Zim ba da boum ! (Parade)

DUOS ET SCÈNES avec Accomp^t de Piano

GARÇONS ou FILLES

BORDÈSE .... L'alouette et le laboureur .... net 1f..
LIMAGNE .... L'escapade .... net . 50¢

LIMAGNE. L'agneau de l'oncle Pilu (avec parlé) .... net . 50¢

GARÇONS

DÉMORTREUX Les deux travailleurs (Scène à 2 Personnages, ténor et basse) Chant seul net 1f..
Piano et Chant, net 2f.50.
GILIS .... Les mirlitons (Solo et Chœur avec mirlitons) .... net . 50¢
LESERRE .... C'est pas moi, c'est lui ! .... net .. 50¢
LESERRE .... Locataire et propriétaire .. net . 50¢
LESERRE .... Tandem, tandem .... net . 50¢

LIMAGNE . Nous avions chacun six sous (avec parlé) .... net 1f..
PRAZ .... Priseur et fumeur Duo comique avec parlé) .... net 1f..
TRITANT .. Flûte et tambour .... net 1f..
TRITANT .. Clic, clac, pan, pan, ou forgeron et postillon .... net 1f..
TROJELLI. Premier avril .... net . 50¢

DISCOURS DE M. PRUDHOMME A SON FILS

MONOLOGUE POUR GARÇON

Prix: 50° net.   F. PRAZ.

A. PINATEL, Éditeur de Musique, 18, Faub.^g Poissonnière, PARIS.

Mon cher fils, oui, mon cher fils, bientôt douze printemps fleuriront sur ton front angélique, et l'heure sonne où je dois te mettre en garde contre les erreurs de ce monde. Hélas, mon agneau, tu n'es pas au bout de tes étonnements! Avant de t'asseoir définitivement au banquet de la vie, ouvre le tympan, mon fils, et ne prête pas une oreille légère à la voix grave de ma parole: c'est la parole de l'auteur paternel de tes jours filiaux!

(*Pose théâtrale*) J'ai dit, mon fils, que tu n'étais pas au bout de tes étonnements, car sur la planète qui nous porte, tout est contradiction, antithèse, énigme, logogriphe, et surtout rien n'est étrange comme l'idiome dont se servent les hommes.

Ainsi, mon fils, tu entendras parler de maisons de santé, de petites-maisons et de maisons d'Enfants Trouvés. Eh bien, mon fils, dans les maisons d'Enfants Trouvés, il n'y a que des enfants perdus; dans les maisons de santé, il n'y a que des malades et les petites-maisons sont précisément les plus grandes maisons qui existent.

De plus, mon fils, si jamais tu es engagé dans un embarras de voitures, attribues-en la cause à ce qu'il y a trop de voitures, et si tu es pris dans un embarras d'argent, souviens-toi qu'alors tu manqueras d'argent. Embarras de voitures, signifie excès, redondance, pléthore de voitures, et embarras d'argent signifie défaut, manque, pénurie. Je te dis qu'il n'y a pas de pays comme le monde pour le triomphe de la contradiction. Nous nageons dans la mer des contrastes. C'est ainsi encore qu'on appelle gens de bas étage ceux précisément qui logent aux étages les plus élevés!.. Et puis, mon fils, si tu entends dire que la bêtise humaine est sans limites, n'en crois rien, car les imbéciles furent toujours les êtres les plus bornés du monde. Ah! mon enfant, comme il est difficile de démêler le vrai du faux dans ce déluge d'énigmes,

A. P. 44

de logogriphes et parfois de mensonges, oui, mon fils, de mensonges! Tu apprends
l'histoire! Eh bien l'histoire est une vaste conspiration contre la vérité: c'est ainsi
que la Guerre de Cent Ans dura Cent-quinze ans exactement, que les Cent Jours ne du-
rèrent que quatre-vingt-onze jours, que les Cent Gardes étaient cent cinquante et que
les trois mousquetaires étaient quatre, oui, mon fils, quatre, et voilà comment on
écrit l'histoire!

Mais, sans affliger nos yeux à la lecture de ces erreurs, entendons les
énormités qui frappent encore notre ouïe indignée. Tu connais le maïs? On dit que
c'est un blé qui vient de Turquie, tandis que le sol de France n'est plein que de cela!
Tu connais les dindons? On dit que ça vient de l'Inde, tandis que la France en re-
gorge! Et quand tu mangeras des marrons de Lyon, mon fils, sois-en reconnaissant
à l'Ardèche, oui, c'est l'Ardèche qui nous fournit les marrons de Lyon!...

O bizarrerie de l'homme et de l'idiome!

A-t-on jamais récolté des haricots et des fraises dans un veau?.. Et pourtant l'on dit: le haricot de veau et la fraise de veau! Vit-on jamais du fromage émaner
de l'animal qui se nourrit de glands? Et pourtant l'on dit: du fromage de porc! Et
quand nous réunirions ensemble toutes les poules de France et de Navarre, pourrions-
nous jamais en tirer la moindre petite tasse de lait?........ Et pourtant, l'on ose dire:
du lait de poule!

O mon cher fils, oui, mon cher fils, âme simple, droite et loyale, non, non,
tu n'es pas au bout de tes étonnements.

Mais souviens-toi toujours que l'idiome fut donné à l'homme pour parler selon la vérité. Oui, donne aux pauvres, mais ne donne jamais dans le langage hié-
roglyphique ni dans aucun des défauts de ton siècle. Ah! les défauts, si tu en as, cor-
rige-t-en bien vite. Sais-tu, mon fils, comment on abat les taureaux dans l'arène?
On les frappe au défaut de l'épaule!........ Tu vois si c'est important de se corriger
de ses défauts!

Enfin, mon cher fils, oui, mon cher fils, obscur rejeton d'un père *renom-
mé*, doux prolongement de moi-même, veux-tu honorer ton glorieux auteur, va ton
chemin, noble et fier et loyal; sois pur, sois vierge, oui, vierge, comme ces magnifiques forêts où la main de l'homme n'a jamais mis les pieds!........

(RIDEAU)

A. PINATEL

ÉDITEUR DE MUSIQUE, 18, FAUBOURG POISSONNIÈRE, PARIS.

LES JOYEUSETÉS DE L'ÉCOLE

Répertoire Comique des Pensionnats

EXTRAIT DU CATALOGUE GÉNÉRAL:
MONOLOGUES, DIALOGUES, SCÈNES.

MONOLOGUES POUR LES TOUT PETITS, Chacun, net: 50c.

Garçons

Histoire d'un bâton de chocolat.
Le loup et l'agneau par un philosophe en herbe.
Le petit Missionnaire.
Le petit Orateur.
Mon dernier biscuit.
Petit cours de politesse à mon chapeau neuf.
Petit Rat et petit Chou.
Petit diable.
Que je suis content d'être un homme.
Z'ai vu sur la ronde maçine.

Fillettes

A ma petite paresse.
A ma poupée boudeuse.
Au petit démon de la gourmandise.
C'est pas tout rose d'être maman.
C'est pas tout rose d'être petite.
Connaissez-vous mon petit frère?
Gronderie à ma poupée.
Gronderie à mon petit chat.
J'ai une langue de pie.
Je connais la règle de quelque
Leçon à ma poupée terrible.
Les perfections de ma poupée.
Le dernier baiser à ma poupée.
La leçon de grammaire a ma poupée.
Oh! que j'ai eu peur!
Une jolie malice de mon petit frère.
Un joli raisonnement de Lili.
Savez-vous?

MONOLOGUES POUR GARÇONS, Chacun, net: 50c.

Ah! ces leçons!
Ah! la ville!
A mon premier porte-monnaie.
Bravo les réformateurs!
Cauthenlon choisit un métier.
Ca, c'est pour les amis!
Ce que Blaise ne peut pas avaler.
Comme quoi tout le monde bat.
Discours électoral d'un Auvergnat.
Dans le pays où ze demeure.
Ecoutez-moi ça, professeurs d'arithmétique!
En faisant cuire un bifteck.
Holà! de ma pauvre santé!
Je voulais faire un monologue.
J'ai raté mon monologue.
J'étais toujours malade!
L'histoire naturelle comique.
La Comblomanie.
La fête des Barbes-blanches.
L'Almanach que je voudrais.
La première cigarette.
Le chat du zouave.
Le charlatan nouveau.
Le clou des peuples.
Le dîner de l'Auvergnat.
Le marchand de bonnets.
Le Marseillais chez les Marsiens.
Le Marseillais fabuliste.
Le médecin pratique.
Le nez en proverbes.
Le phonographe.
Les automobiles.
Lazare Hoche.
L'impôt chur l'echprit, monologue auvergnat (coupl. ad lib.)
L'un était de Bayeux et l'autre de Bayonne.
L'uniforme de grand-père.
Mémoires d'un automobiliste.
Mes livres de classe.
Monsieur le Règlement.
Naturaliste nouveau siècle.
Où donc qu'il est le clou de l'Eqchpogichion?
Pourquoi qu'on n'a pas bâti les villes à la campagne? (avec couplets ad lib)
Retour des examens du Bac.
Rouget de l'Isle et la Marseillaise (mon. patriotiqu*)
Tout s'arrête, excepté........
Trois fois roulé.
Une nuit à la campagne.
Une réclame début de siècle.
Un grand dîner chez nous.
Un monologue original.
Voyage de Niquedouille à Cornichon-les-Blaises.
Chez le commissaire.
Z'ai vu sur la ronde maçine.

PETITES SCÈNES ENFANTINES à plusieurs Personnages avec Acct de Piano
PRAZ... *Les douze mois de l'année et les petits enfants* (nombreux personnages) net. 1f.

GILIS............ *La poule et ses poussins* (sc. imit.) net 50c
» .... *Croquemitaine* .... net, 1f.
JEANMOUGIN... *Deux contre une,* dial. et chœur, net, .25c
LIMAGNE........ *Décorés,* (garçons) .... net, 1f.
» .... *Ronde du B, A, ba,* (garçons).. net, .50c
A. de PÉRIGNAT. *Cavalerie légère,* divertissement
enfantin av. chants et manœuvres de scène, net, .1f.

PRAZ.. *Inauguration des vacances,* Scène, parlé et chant, 12 à 15 fillettes .... net 1f.
» .. *Les petits échos ou le messager des vacances* Saynète pour filles ou garçons .... net. 50c
» .. *Oh! les prix!* Saynète pour école mat^lle.. net. 50c
» .. *La Reine Réclame,* 8 pers, jeunes filles... net. 1f.
» .. *Les petits guerriers,* Sc, parlé et ch. 12 à 15 gar. 1f.

A. P. 4324.

LES JOYEUSETÉS DE L'ÉCOLE.

ET DIRE QU'IL NE ME FAUT POINT D'ÉMOTIONS!

MONOLOGUE POUR GARÇON

Prix: 50 c net.

F. PRAZ.

A. PINATEL, Éditeur de Musique, 18, Faub Poissonnière, PARIS.*

Mais non, il ne me faut point d'émotions, puisque le médecin qui m'a t'escul-
té m'a dit comme ça: «Mon ami, il vous faut voyager pour vous distraire et surtout
éviter les émotions, et comme vous êtes faible, prendre aussi beaucoup de *fortifi-
cations*, pourquoi vous êtes *pneu… pneurasthénique*.» Paraît que c'est le *pneu (ges-
te vers les poumons*) qui ne va pas chez moi.

Pour me conformer à l'ordonnance, j'ons eu l'envie de faire d'abord un petit voyage en chemin de fer. Ah! misère, que d'émotions! Je vas pour prendre la voiture de la gare; plus de place à l'intérieur, première émotion! Je demande au con-
ducteur: Vous ne pourriez pas me faire une petite place dedans? C'est complet,
qui me dit; montez à *l'empériale*. Je lui fais: Oui, mais, je veux aller à la gare, est-
ce que votre *empériale* y mène bien à la gare? Mais oui, s'pèce d'idiot, qui me répond, cet imbécile de malhonnête! Et tout le monde *barquait* les yeux sur moi comme
pour voir comme c'était fait un idiot! Et moi, rien que d'être *argardé* par deux yeux,
ça me donne une émotion, et il y en avait peut-être trente de *z'yeux* qui m'*argardaient*, ça m'en faisait-il des émotions! Et dire qu'il ne m'en faut point des émotions! Pauvre de moi! Je cours me cacher sur *l'empériale* et nous partons pour
la gare………

En chemin, un crétin *d'automaboule* fait peur à nos chevaux qui s'embal-
lent et qui ont failli *percipiter* plusieurs fois dans des fossés la voiture, *l'empériale* et moi avec. Mon cœur faisait ça: Pouf! pouf! pouf! Ça n'a tenu pas aux chevaux,
mais à un cheveu, que je n'ayons fait le saut de *l'empériale* à terre et de ce monde
à l'autre! Ça m'a fait *tourner* tout ce qui me restait de *bon sang*! Oh! ces *pilpata-
tions* de mon cœur! Et dire qu'il ne me faut point d'émotions! Si au moins j'en avais
fini, mais je ne suis pas au bout de mon voyage.

A la gare, je demande un billet de chemin de fer. Pour quel endroit? me
dit le *guichatier*. Pour quel endroit, que je li réponds, eh bien, dites au chemin de
fer de m'arrêter à Saint-Tranquille! Voulez-vous un billet aller et retour? qui me
dit… Qu'est-ce que ça fait? que je li réponds. Ça fait que vous payerez ici pour
aller et pour revenir, qui me dit. Alors je n'aurai rien à payer à Saint-Tranquille, que je li réponds? Mais non, qui me dit. Eh bien, que je li réponds, donnez-
moi seulement un billet pour aller, pourquoi il faut bien que votre collègue de
Saint-Tranquille gagne aussi sa vie! Tenez, imbécile, c'est huit francs quarante,

qui me dit. — Ah! vous me traitez d'imbécile, que je lui réponds!... Je ramasse mon
billet et je garde mes huit francs quarante pour lui donner une leçon *d'honnêteté,*
puis je fiche mon camp. N'a-t-il pas crié: Arrêtez-le! il n'a pas payé son billet,
arrêtez-le! Un gendarme m'attrape par le collet pour me ramener au *guichatier.*
Lâchez-moi, m'sieu le gendarme, que je li dis, on m'a défendu les émotions! lâchez-moi ou je vous fais arrêter par mon médecin!........

N'y a rienz'eu à faire. J'aurions bien discuté, mais j'ons mieux aimé
payer mes huit francs quarante. D'ailleurs je ne savions plus où j'avions la langue,
tellement j'étions *émulsionné!* Et dire, et dire qu'il ne me faut point d'émotions!
Je voulais envoyer mon voyage au diable et revenir chez moi chercher un peu de
calme, car j'avions une fièvre de cheval depuis l'emballement de la voiture, mais
je m'étions dit : Une fois dans le chemin de fer, il faut bien que le diable s'en mê-
le, si je ne goûtions pas la paix, misère de sort!

Je montons dans le chemin de fer et je tombons dans un compartiment de
fumeurs. Ils étaient là neuf qui fumaient. Dès que je m'aperçois que j'étions dans
la cabine des fumeurs, je pâlis sous l'invasion d'une crainte terrible: je n'avions
pas un bout de cigare et pas même une pastille pour faire voir au moins que je
chiquais!........

Ah! Dieu vivant, me voilà bien logé! Tout le long du chemin de fer jusqu'à Saint-Tranquille, j'ons été dans un état *in-narrable.* Sans les gouttes de trans-
piration qui me tombaient du front, j'aurions pas su où j'avions la tête. Au point
qu'un des fumeurs m'a dit: «M'sieu, vous paraissez fatigué!»—«Ah! m'sieu, que je
li réponds, ne me dénoncez pas, je vous prie.» C'est tout ce que j'ons pu li dire. Et
puis il s'est mis à *churchoter* à l'oreille des autres qui *m'argardaient* avec des yeux
qui me donnaient encore je ne sais combien de degrés de fièvre. Je pouvions vous le
dire, allez, suez tant que vous voudrez: on n'en meurit pas; sans ça le fils de mon papa ne vous parlerait pas à cette heure-là!

Enfin je n'y tenions plus quand le chemin de fer ralentit pour s'arrêter à
Saint-Tranquille. «Ah! pas trop tôt, que je soupire de soulagement b. Vous allez
mieux? Qu'est-ce que vous aviez donc? que me disent les fumeurs. — Vous savez, que
je leur réponds, moi, je n'aime pas me faire des histoires et j'ons passé près de
m'en attirer une. — Comment donc, qui me disent? — Eh! vous avez *ben* vu, que je leur
réponds, je m'étions fourré par distraction dans le compartiment des fumeurs, et
j'ons pas fumé: pensez donc si le contrôleur était venu!........ Ils ont eu le toupet d'en
rire, ces imbéciles, mais n'empêche que je l'ons échappé belle! et que j'étions plus
mort que vif d'émotion! Et dire qu'il ne m'en faut point! Oh! quel voyage! Non, ça
ne peut pas durer comme ça. Je m'en vas trouver mon médecin pour lui dire: M'sieu
le médecin, changez-moi votre ordonnance et défendez-moi autre chose que les émotions, sinon je ne voyageons plus, tant *pire* pour vous!

(RIDEAU)

Imp. Bigeard, rue Pierre Levée, 19.

A. PINATEL

ÉDITEUR DE MUSIQUE, 18, FAUBOURG POISSONNIÈRE, PARIS.

LES JOYEUSETÉS DE L'ÉCOLE

Répertoire Comique des Pensionnats

EXTRAIT DU CATALOGUE GÉNÉRAL:
MONOLOGUES, DIALOGUES, SCÈNES.

MONOLOGUES POUR LES TOUT PETITS, Chacun net 50º.

Garçons

Histoire d'un bâton de chocolat.
Le loup et l'agneau par un philosophe en herbe.
Le petit Missionnaire.
Le petit Orateur.
Mon dernier biscuit.

Petit cours de politesse à mon chapeau neuf.
Petit Rat et petit Chou.
Petit diable.
Que je suis content d'être un homme.
Z'ai vu sur la ronde macine.

Fillettes

A ma petite paresse.
A ma poupée boudeuse.
Au petit démon de la gourmandise.
C'est pas tout rose d'être maman.
C'est pas tout rose d'être petite.
Connaissez-vous mon petit frère?
Gronderie à ma poupée.
Gronderie à mon petit chat.
J'ai une langue de pie.

Je connais la règle de quelque!
Leçon à ma poupée terrible.
Les perfections de ma poupée.
Le dernier baiser à ma poupée.
La leçon de grammaire a ma poupée.
Oh! que j'ai eu peur!
Une jolie malice de mon petit frère.
Un joli raisonnement de Lili.
Savez-vous?

MONOLOGUES POUR GARÇONS, Chacun, net 50º.

Ah! ces leçons!
Ah! la ville!
A mon premier porte-monnaie.
Bravo les réformateurs!
Cauthenlon choisit un métier.
Ça, c'est pour les amis!
Ce que Blaise ne peut pas avaler.
Comme quoi tout le monde bat.
Discours électoral d'un Auvergnat.
Dans le pays où ze demeure.
Ecoutez-moi ça, professeurs d'arithmétique!
En faisant cuire un bifteck.
Holà! de ma pauvre santé!
Je voulais faire un monologue.
J'ai raté mon monologue.
J'étais toujours malade!
L'histoire naturelle comique.
La Comblomanie.
La fête des Barbes-blanches.
L'Almanach que je voudrais.
La première cigarette.
Le chat du zouave.
Le charlatan nouveau.
Le clou des peuples.
Le dîner de l'Auvergnat.
Le marchand de bonnets.
Le Marseillais chez les Marsiens.

Le Marseillais fabuliste.
Le médecin pratique.
Le nez en proverbes.
Le phonographe.
Les automobiles.
Lazare Hoche.
L'impôt chur l'echprit, monologue auvergnat (coupl. ad lib.)
Il un était de Bayeux et l'autre de Bayonne.
L'uniforme de grand-père.
Mémoires d'un automobiliste.
Mes livres de classe.
Monsieur le Règlement.
Naturaliste nouveau siècle.
Où donc qu'il est le clou de l'Eqchpogichion?
Pourquoi qu'on n'a pas bâti les villes à la campagne? (avec couplets ad lib).
Retour des examens du Bac.
Rouget de l'Isle et la Marseillaise (mon. patriotique)
Tout s'arrête, excepté........
Trois fois roulé.
Une nuit à la campagne.
Une réclame début de siècle.
Un grand dîner chez nous.
Un monologue original.
Voyage de Niquedouille à Coynichon-les-Blaises.
Chez le commissaire.
Z'ai vu sur la ronde macine.

PETITES SCÈNES ENFANTINES à plusieurs Personnages avec Acct de Piano
PRAZ... Les douze mois de l'année et les petits enfants (nombreux personnages) net. 1f.

GILIS............La poule et ses poussins (se. imit.) net 50º
»............Croquemitaine...............net, 1f.
JEANMOUGIN...Deux contre une, dial. et chœur, net, 25º.
LIMAGNE........Décorés, (garçons)...........net, 1f.
».........Ronde du B, A, ba, (garçons)..net, 50º
A. de PÉRIGNAT. Cavalerie légère, divertissement
    enfantin av. chants et manœuvres de scène, net, 1f.

PRAZ.. Inauguration des vacances, Scène, parlé
    et chant, 12 à 15 fillettes...............net 1f.
».. Les petits échos ou le messager des vacances
    Saynète pour filles ou garçons...........net. 50º
».. Oh! les prix! Saynète pour école mat lle...net. 50º
».. La Reine Réclame, 9 pers, jeunes filles...net. 1f.
».. Les petits guerriers, Sc, parle et ch. 12 à 15 gar. 1f.

A. P. 4324.

COMME QUOI TOUT LE MONDE RIT

MONOLOGUE POUR GARÇON

Prix : 50° net .

F. PRAZ .

A. PINATEL, Éditeur de Musique, 18, Faub⁵ Poissonnière, PARIS.

(Ce monologue irait particulièrement bien en intermède après une comédie qui a obtenu un succès de rire.)

Il n'y a pas que vous qui riez, allez, tout le monde rit !.. D'abord, connaissez-vous les ris chers aux buveurs?...Eh bien, ce sont les ri...,....botes; demandez-leur si ce n'est pas vrai. Et les marchands de vins, savez-vous les ris qu'ils aiment?...Ce sont les ri... vières au moyen desquelles ils baptisent leurs vins, histoire de les rendre plus catholiques...Les guerriers, eux, aiment bien les ri...vaux, tandis que les marins préfèrent les ri...deaux; et ça se comprend si l'eau ne les faisait pas rire, ils n'iraient pas dessus!.....Et les millionnaires, comme Mᵐᵉ Hofer, la gagnante du gros lot, connaissez-vous les ris auxquels ils se plaisent? Eh! parbleu, ce sont les ri...chissimes, un genre de ris qui ne m'a jamais épanoui la figure, c'est vrai, mais rions quand même: on peut être gueux et rire, Dieu merci! Tenez, les joueurs d'orgue de Barbarie qui nous assourdissent dans la rue, vous les croyez malheureux? Allons donc, ce sont des gens qui se pâment aux ri...tournelles!..Et les poètes qui passent pour être tout le temps rêveurs, mais ils sont la personnification vivante des ri...mailleurs!...Et les dames?...vous les connaissez les ris les plus familiers aux dames?...Je vous le donne en cent....Vous ne trouvez pas?......... Eh bien, ce sont les ri...postes, ainsi dénommés postes, parce que, chez elles, ces ris partent sans traîner, comme une dépêche à la poste!...Vous voyez bien que la moitié du monde fait *risette* à l'autre qui, à son tour, *rit d'elle*!

A.P.·447

Oui, oui, tout le monde rit. Les gendarmes eux-mêmes que l'on croit sérieux comme des bonnets de nuit; les agents de police, quel'on croit graves comme des bornes de jour, ils ne vivent que de ri...gorisme, et les moralistes si posés, tout le temps ils observent la société pour se payer le plaisir des ri...dicules! Je vous dis que tout le monde rit sous le soleil, et même sous la pluie nous avons des ri.....flards!........

Sommes-nous malades! Ça ne va-t-il plus! lourdeur de tête, fatigue d'estomac, etc.? crac, nous demandons soulagement aux ri...cins!...Sommes-nous convalescents, ça va-t-il mieux, v'lan, nous nous payons des tranches de ris de veau! Nous portons-nous à merveille! Avons-nous une exubérance de santé!... Alors, alors nous nous évertuons dans les ri...godons!...Et voilà comme quoi tout le monde rit! Ah! mes amis, rions! Oui, *Rioms*, fouchtra, che chont les jAuvergnats qui nous le digent au nom de l'une de leurs chous-préfectures: Rioms! Et rions à propos. Tenez, il y a des hommes politiques qui se creusent la cervelle pour trouver la solution de la paix universelle. Ah! qu'ils sont bêtes! Vous croyez qu'ils y arriveront à la paix du monde?........Jamais de la vie! Et dire que c'est simple comme bonjour de faire régner à tout jamais la paix universelle dans le monde! Il ne s'agirait que de faire intervenir le rire. En effet, voilà une nation qui déchaîne quatre cent mille guerriers sur une autre nation: celle-ci, au lieu de jouer du canon à son tour, savez-vous ce qu'elle devrait jouer devant l'ennemi?........ Tout simplement les comédies de Jean Drault, ou d'Alfred Capus, ou de Georges Courteline ou de Jules Moineaux. Et certainement les ennemis riraient, fussent-ils Japonais et leur rire fût-il jaune! Et alors c'est la guerre finie avant d'avoir commencé, c'est la paix tout de suite, c'est le désarmement, puisque « *celui qui rit est désarmé* »!........Vous comprenez!........

Espérons que ça viendra. En attendant, je vais essayer de faire rire ma belle-mère: si j'arrive à la désarmer, je me fais l'apôtre du rire le reste de mes jours!........

(*RIDEAU*)

A. PINATEL

ÉDITEUR DE MUSIQUE, 18, FAUBOURG POISSONNIERE, PARIS.

LES JOYEUSETÉS DE L'ÉCOLE

Répertoire Comique des Pensionnats

EXTRAIT DU CATALOGUE GÉNÉRAL:
MONOLOGUES, DIALOGUES, SCÈNES.

MONOLOGUES POUR LES TOUT PETITS, Chacun, net: 50°.

Garçons

Histoire d'un bâton de chocolat.
Le loup et l'agneau par un philosophe en herbe.
Le petit Missionnaire.
Le petit Orateur.
Mon dernier biscuit.
Petit cours de politesse à mon chapeau neuf.
Petit Rat et petit Chou.
Petit diable.
Que je suis content d'être un homme.
Z'ai vu sur la ronde maçine.

Fillettes

A ma petite paresse.
A ma poupée boudeuse.
Au petit démon de la gourmandise.
C'est pas tout rose d'être maman.
C'est pas tout rose d'être petite.
Connaissez-vous mon petit frère?
Gronderie à ma poupée.
Gronderie à mon petit chat.
J'ai une langue de pie.
Je connais la règle de quelque!
Leçon à ma poupée terrible.
Les perfections de ma poupée.
Le dernier baiser à ma poupée.
La leçon de grammaire à ma poupée.
Oh! que j'ai eu peur!
Une jolie malice de mon petit frère.
Un joli raisonnement de Lili.
Savez-vous?

MONOLOGUES POUR GARÇONS, Chacun, net: 50°.

Ah! ces leçons!
Ah! la ville!
A mon premier porte-monnaie.
Bravo les réformateurs!
Cauthenlon choisit un métier.
Ça, c'est pour les amis!
Ce que Blaise ne peut pas avaler.
Comme quoi tout le monde bât.
Discours électoral d'un Auvergnat.
Dans le pays où ze demeure.
Ecoutez-moi ça, professeurs d'arithmétique!
En faisant cuire un bifteck.
Holà! de ma pauvre santé!
Je voulais faire un monologue.
J'ai raté mon monologue.
J'étais toujours malade!
L'histoire naturelle comique.
La Comblomanie.
La fête des Barbes-blanches.
L'Almanach que je voudrais.
La première cigarette.
Le chat du zouave.
Le charlatan nouveau.
Le clou des peuples.
Le dîner de l'Auvergnat.
Le marchand de bonnets.
Le Marseillais chez les Marsiens.
Le Marseillais fabuliste.
Le médecin pratique.
Le nez en proverbes.
Le phonographe.
Les automobiles.
Lazare Hoche.
L'impôt chur l'echprit, monologue auvergnat (coupl. ad lib.)
L'un était de Bayeux et l'autre de Bayonne.
L'uniforme de grand-père.
Mémoires d'un automobiliste.
Mes livres de classe.
Monsieur le Règlement.
Naturaliste nouveau siècle.
Où donc qu'il est le clou de l'Eqchpogichion?
Pourquoi qu'on n'a pas bâti les villes à la campagne? (avec couplets ad lib).
Retour des examens du Bac.
Rouget de l'Isle et la Marseillaise (mon. patriotique)
Tout s'arrête, excepté.........
Trois fois roulé.
Une nuit à la campagne.
Une réclame début de siècle.
Un grand dîner chez nous.
Un monologue original.
Voyage de Niquedouille à Cornichon-les-Blaises.
Chez le commissaire.
Z'ai vu sur la ronde maçine.

PETITES SCÈNES ENFANTINES à plusieurs Personnages avec Acc.^t de Piano

PRAZ... Les douze mois de l'année et les petits enfants (nombreux personnages) net. 1f.

GILIS .... La poule et ses poussins (sc. imit.) net. 50°.
» .... Croquemitaine .... net, 1f.
JEANMOUGIN... Deux contre une, dial. et chœur, net, .25°.
LIMAGNE .... Décorés, (garçons) .... net, 1f.
» .... Ronde du B, A, ba, (garçons).. net, .50°.
A. de PÉRIGNAT. Cavalerie légère, divertissement enfantin av. chants et manœuvres de scène, net, 1f.

PRAZ.. Inauguration des vacances, Scène, parlé et chant, 12 à 15 fillettes .... net 1f.
» .. Les petits échos ou le messager des vacances Saynète pour filles ou garçons .... net. 50°.
» ... Oh! les prix! Saynète pour école mat.^lle .. net. 50°.
» .. La Reine Réclame, 9 pers, jeunes filles... net. 1f.
» .. Les petits guerriers, Sc, parle et ch.^t 12 à 15 gar. 1f.

A. P. 4324.

LE CONCOURS D'ORIGINALITÉ

MONOLOGUE POUR ÉCOLIER

Prix: 50^c net.

F. PRAZ.

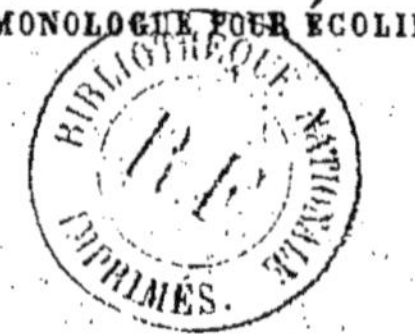

A. PINATEL, Éditeur de Musique, 18, Faub.^g Poissonnière, PARIS.

Savez-vous ce que mon professeur de français reproche à mon style?
C'est que mon style manque d'originalité, hein! qui le croirait, moi qui passe pour
le plus original des originaux! Hier encore, au début de la classe, rendant compte
des rédactions, il m'a dit : « Marius, vous avez de la tournure, de l'élégance, du na-
turel, mais encore une fois vous n'êtes pas assez original. » « Oh! si on peut, lui ai-
je répondu, justement mon père m'appelle : Son petit original! » « Taisez-vous
qu'il me fait, vous êtes plat comme une vitre, et vos comparaisons sont tout ce
qu'il y a de plus ordinaire, de plus vulgaire, de plus banal et de plus trivial.
Faites-moi donc du neuf. Ainsi un écrivain banal dira : gai comme un pin-
son et beau comme une fleur. C'est trop commun ces rengaines-là. Au contraire, un écrivain original dira par exemple : gai comme la jeunesse et beau
comme un rêve! Est-ce compris? » Toute la classe a répondu : « Oui, m'sieu!
Puis il a ajouté : « Eh bien! vous allez illico faire une composition française sur
ce sujet : *Racontez votre dernière excursion en montagne.* Attention, c'est le
concours pour le prix de français! Surveillez vos comparaisons et surtout,
soyez originaux! C'est comme un concours d'originalité. Commencez! »...
Et voilà les plumes qui chantent sur le papier. Moi, je fais mentalement cette
invocation d'abord : « O muse de l'Originalité, muse des comparaisons originales, sois-moi favorable et porte-moi sur tes ailes! » Et, en avant, Pégase!..
Voulez-vous avoir une idée de mon chef-d'œuvre? Ecoutez.

A. P. 44

Ma dernière excursion de montagne. — Nous étions sept comme les péchés capitaux, ou, si vous voulez, comme les merveilles du monde. Nous partîmes à deux heures du matin. La nuit était noire comme un merle. Nous étions joyeux comme la jeunesse et chargés comme des lettres. Pendant six heures d'horloge, nous marchâmes comme des pendules pour faire l'ascension d'une montagne pointue comme l'esprit et élancée comme une taille. Tout d'abord nous eûmes un peu froid dans le dos comme à l'histoire de Barbe-Bleue, car l'air était frais comme une rose et vif comme la poudre. Mais bientôt le soleil se mit à monter comme la Bourse et la température devint douce comme un agneau. — Les oiseaux nous saluaient de leurs chants, car ils sont polis comme des miroirs, les oiseaux de montagne. Enfin nous parvenons au sommet. Oh! ce coup d'œil! L'atmosphère était pure comme les anges et le ciel bleu comme un jeune soldat. Et puis, ces fleurs de la montagne! Toute la matinée, nous en cueillîmes : les unes étaient rouges comme la mer des Hébreux, les autres blanches comme la mère de Saint-Louis; il y en avait de vertes comme une correction, de roses comme des idées, de dorées comme des rêves et enfin de jaunes comme le péril. C'était superbe. A midi nous mangeâmes, car nous avions faim comme des loups ; par bonheur nous étions approvisionnés comme des magasins. Après, nous dormîmes deux heures, car nous étions abattus comme des forêts. A cinq heures, nous fîmes retour comme des billets à ordre. La chaleur et la marche nous faisaient transpirer comme une leçon d'algèbre, mais nous bravions la fatigue comme des livres neufs. Tantôt nous longions des précipices profonds comme les vers de Victor Hugo, et tantôt nous marchions sur des rochers durs comme l'école. Soudain un orage éclate comme un diamant, nous fond dessus comme une bougie et la pluie nous trempe comme l'acier. Incident. Au bas de la montagne, je trébuche comme une trappe sur la terre grasse comme un moine et je tombe comme de la lune sur *la mienne* de lune. Mes camarades se mirent à rire comme des chaussettes déchirées, et moi je riais plus fort que les autres, car je n'avais pas plus de *mal* que de valise.

Enfin nous arrivâmes chez nous, heureux comme des peuples sans histoire. Oh! la jolie excursion et la belle journée! Toutes les fois que j'y pense, mon cœur s'attendrit comme du beurre et je pleure comme une vigne. Point final. — Voilà. Si le professeur de français ne me donne pas le prix des comparaisons originales, n'est-ce pas qu'il faut désespérer de le contenter. *(ad libitum)* — *(Si c'est le jour des prix, ajouter)* : Nous allons voir ça tout à l'heure !   (*RIDEAU*)

473. — Imp. Bigaard, rue Pierre Levée, 19. —

A. PINATEL

ÉDITEUR DE MUSIQUE, 18, FAUBOURG POISSONNIÈRE, PARIS.

LES JOYEUSETÉS DE L'ÉCOLE

Répertoire Comique des Pensionnats

EXTRAIT DU CATALOGUE GÉNÉRAL :

MONOLOGUES, DIALOGUES, SCÈNES.

MONOLOGUES POUR LES TOUT PETITS, Chacun, net : 50c.

Garçons

Histoire d'un bâton de chocolat.
Le loup et l'agneau par un philosophe en herbe.
Le petit Missionnaire.
Le petit Orateur.
Mon dernier biscuit.
Petit cours de politesse à mon chapeau neuf.
Petit Rat et petit Chou.
Petit diable.
Que je suis content d'être un homme.
Z'ai vu sur la ronde maçine.

Fillettes

A ma petite puresse.
A ma poupée boudeuse.
Au petit démon de la gourmandise.
C'est pas tout rose d'être maman.
C'est pas tout rose d'être petite.
Connaissez-vous mon petit frère ?
Gronderie à ma poupée.
Gronderie à mon petit chat.
J'ai une langue de pie.
Je connais la règle de quelque !
Leçon à ma poupée terrible.
Les perfections de ma poupée.
Le dernier baiser à ma poupée.
La leçon de grammaire à ma poupée.
Oh ! que j'ai eu peur !
Une jolie malice de mon petit frère.
Un joli raisonnement de Lili.
Savez-vous ?

MONOLOGUES POUR GARÇONS, Chacun, net : 50c.

Ah ! ces leçons !
Ah ! la ville !
A mon premier porte-monnaie.
Bravo les réformateurs !
Cauthenlon choisit un métier.
Ça, c'est pour les amis !
Ce que Blaise ne peut pas avaler.
Comme quoi tout le monde bat.
Discours électoral d'un Auvergnat.
Dans le pays où ze demeure.
Écoutez-moi ça, professeurs d'arithmétique !
En faisant cuire un bifteck.
Hola ! de ma pauvre santé !
Je voulais faire un monologue.
J'ai raté mon monologue.
J'étais toujours malade !
L'histoire naturelle comique.
La Comblomanie.
La fête des Barbes-blanches.
L'Almanach que je voudrais.
La première cigarette.
Le chat du zouave.
Le charlatan nouveau.
Le clou des peuples.
Le dîner de l'Auvergnat.
Le marchand de bonnets.
Le Marseillais chez les Marsiens.
Le Marseillais fabuliste.
Le médecin pratique.
Le nez en proverbes.
Le phonographe.
Les automobiles.
Lazare Hoche.
L'impôt chur l'echprit, monologue auvergnat (coupl. ad lib.)
L'un était de Bayeux et l'autre de Bayonne.
L'uniforme de grand-père.
Mémoires d'un automobiliste.
Mes livres de classe.
Monsieur le Règlement.
Naturaliste nouveau siècle.
Où donc qu'il est le clou de l'Eqchpogichion ?
Pourquoi qu'on n'a pas bâti les villes à la campagne ? (avec couplets ad lib).
Retour des examens du Bac.
Rouget de l'Isle et la Marseillaise (mon. patriotique)
Tout s'arrête, excepté.........
Trois fois roulé.
Une nuit à la campagne.
Une réclame début de siècle.
Un grand dîner chez nous.
Un monologue original.
Voyage de Nigurdouille à Cornichon-les-Blaises.
Chez le commissaire.
Z'ai vu sur la ronde maçine.

PETITES SCÈNES ENFANTINES à plusieurs Personnages avec Acc^t du Piano.

PRAZ... *Les douze mois de l'année et les petits enfants* (nombreux personnages) net. 1f.

GILIS............. *La poule et ses poussins* (se. imit.) net 50c.
»............. *Croquemituine* .... net, 1f.
JEANMOUGIN... *Deux contre une,* dial. et chœur, net, . 25c.
LIMAGNE......... *Décorés,* (garçons) .... net, 1f.
», ... *Ronde du B, A, ba,* (garçons).. net, . 50c.
A. de PÉRIGNAT. *Cavalerie légère,* divertissement enfantin av. chants et manœuvres de scène, net, . 1f.

PRAZ.. *Inauguration des vacances,* Scène, parlée et chant, 12 à 15 fillettes .... net 1f.
» .. *Les petits échos ou le messager des vacances* Saynète pour filles ou garçons .... net. 50c.
» .. *Oh ! les prix !* Saynète pour école mat^lle ... net 1.50c.
» .. *La Reine Réclame,* 9 pers, jeunes filles ... net. 1f.
» .. *Les petits guerriers,* Sc, parlée et ch. 12 à 15 g^ns. 1f.

LES PLUS GRANDES CHOSES DE FRANCE

MONOLOGUE POUR JEUNE ENFANT

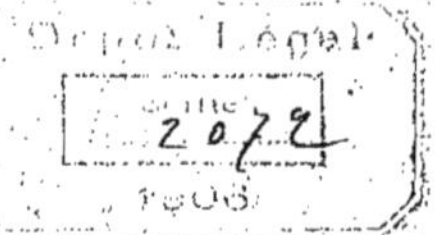

Prix : 50 c. net.

F. PRAZ.

A. PINATEL, Éditeur de Musique, 18, Faub.g Poissonnière, Paris.

La France est ma patrie, et je sais tout ce qu'elle renferme de meilleur, de plus grand et de plus beau.

D'abord les plus hautes de ses montagnes, c'est le Mont-Blanc dans les Alpes, c'est le Vignemale dans les Pyrénées, et c'est le Puy de Sancy au centre, tout à fait dans l'Auvergne; car l'Auvergne, fouchtra! est en Franche, Dieu merchi!

Le plus grand fleuve de France, c'est la Loire qui a mille quarante kilomètres de longueur, tandis que le Rhône et la Seine n'en ont que huit cents, et la Garonne seulement six cent cinquante, parce qu'elle n'a pas voulu, lanturelu, en avoir plus!

La plus riche des plaines de France est celle de la Touraine appelée le « Jardin de la France. »

Les vins les plus célèbres de France sont les vins de Champagne, les vins de Bourgogne, les vins de Bordeaux, les vins du Midi, ça n'en finit pas, tandis que les eaux les plus renommées sont les eaux de Vichy pour ceux qui désirent mettre de l'eau dans leurs vins.

A. P. 4478

4° Yf
122

Mais en France, on mange aussi: le bœuf le plus
estimé est celui du Charollais, les poules les plus goûtées
sont celles de Normandie, les oies les plus fines sont celles de Toulouse, pas du Capitole, de Toulouse, et les poulardes les plus dodues sont celles de la Bresse. Pour le
dessert, rien ne vaut le miel de Narbonne, les biscuits de
Dijon et les marrons glacés de l'Ardèche; d'abord, moi,
je m'en lèche des marrons de l'Ardèche!

Mais en France, les enfants aiment aussi à s'amuser
et justement les jouets les plus fameux sont ceux qui viennent de Paris.

Et quelle est la plus belle des villes de France?
C'est Paris, sa capitale. Je n'oserais pas dire ça à Marseille, par exemple: les Marseillais seraient dans le cas
de.........comment qu'on dit?........de me lyncher.

Et des départements, connaissez-vous le plus beau?.
Je le connais bien, moi, le plus beau: c'est le département.
de *(ici, l'acteur nommera son département)* parce que c'est celui qui
m'a reçu très gentiment à mon arrivée au monde, ou plutôt à mon arrivée en France, car je ne voudrais pas pour
tout au monde être né ailleurs qu'en France.

Maintenant, pour finir, si vous me demandiez:
Quel est le plus beau pays du monde?..Je vous crierais
de toute ma voix et de tout mon cœur:

La France! la France! la France!!........

(*RIDEAU*)

A. PINATEL

ÉDITEUR DE MUSIQUE, 18, FAUBOURG POISSONNIÈRE, PARIS.

LES JOYEUSETÉS DE L'ÉCOLE

Répertoire Comique des Pensionnats

EXTRAIT DU CATALOGUE GÉNÉRAL:
MONOLOGUES, DIALOGUES, SCÈNES.

MONOLOGUES POUR LES TOUT PETITS, Chacun net 50c.

Garçons

Histoire d'un bâton de chocolat.	Petit cours de politesse à mon chapeau neuf.
Le loup et l'agneau par un philosophe en herbe.	Petit Rat et petit Chou.
Le petit Missionnaire.	Petit diable.
Le petit Orateur.	Que je suis content d'être un homme.
Mon dernier biscuit.	Z'ai vu sur la ronde maçine.

Fillettes

A ma petite paresse.	Je connais la règle de quelque!
A ma poupée boudeuse.	Leçon à ma poupée terrible.
Au petit démon de la gourmandise.	Les perfections de ma poupée.
C'est pas tout rose d'être maman.	Le dernier baiser à ma poupée.
C'est pas tout rose d'être petite.	La leçon de grammaire à ma poupée.
Connaissez-vous mon petit frère?	Oh! que j'ai eu peur!
Gronderie à ma poupée.	Une jolie malice de mon petit frère.
Gronderie à mon petit chat.	Un joli raisonnement de Lili.
J'ai une langue de pie.	Savez-vous?

MONOLOGUES POUR GARÇONS, Chacun net 50c.

Ah! les leçons!	Le Marseillais fabuliste.
Ah! la ville!	Le médecin pratique.
A mon premier porte-monnaie.	Le nez en proverbes.
Bravo les réformateurs!	Le phonographe.
Cauthenlon choisit un métier.	Les automobiles.
Ça, c'est pour les amis!	Lazare Hoche.
Ce que Blaise ne peut pas avaler.	L'impôt chur l'echprit, monologue auvergnat (coupl. ad lib.)
Comme quoi tout le monde bat.	L'un était de Bayeux et l'autre de Bayonne.
Discours électoral d'un Auvergnat.	L'uniforme de grand-père.
Dans le pays où ze demeure,	Mémoires d'un automobiliste.
Écoutez-moi ça, professeurs d'arithmétique!	Mes livres de classe.
En faisant cuire un bifteck.	Monsieur le Règlement.
Hola! de ma pauvre santé!	Naturaliste nouveau siècle.
Je voulais faire un monologue.	Où donc qu'il est le clou de l'Eochpogichion?
J'ai raté mon monologue.	Pourquoi qu'on n'a pas bâti les villes à la
J'étais toujours malade!	campagne? (avec couplets ad lib).
L'histoire naturelle comique.	Retour des examens du Bac.
La Comblomanie.	Rouget de l'Isle et la Marseillaise (mon. patriotique)
La fête des Barbes-blanches.	Tout s'arrête, excepté.........
L'Almanach que je voudrais.	Trois fois roulé.
La première cigarette.	Une nuit à la campagne.
Le chat du zouave.	Une réclame début de siècle.
Le charlatan nouveau.	Un grand dîner chez nous.
Le clou des peuples.	Un monologue original.
Le dîner de l'Auvergnat.	Voyage de Niquedouille à Cornichon-les-Blaises.
Le marchand de bonnets.	Chez le commissaire.
Le Marseillais chez les Marsiens.	Z'ai vu sur la ronde maçine.

PETITES SCÈNES ENFANTINES à plusieurs Personnages avec Acc.t de Piano.

PRAZ... *Les douze mois de l'année et les petits enfants* (nombreux personnages) net. 1f.

GILIS............*La poule et ses poussins* (sc. imit.) net. 50c	PRAZ.. *Inauguration des vacances*, Scène, parlé
»............*Croquemitaine*...............net, 1f.	et chant, 12 à 15 fillettes.................net 1f.
JEANMOUGIN...*Deux contre une*, dial. et chœur, net, .25c	» ..*Les petits échos ou le messuger des vacances*
LIMAGNE.........*Décorés*, (garçons)............net, 1f.	Saynète pour filles ou garçons.........net. 50c
»........*Ronde du B, A, ba*, (garçons)..net, .50c	» .. *Oh! les prix!* Saynète pour école mat.lle..net. 50c
A. de PÉRIGNAT. *Cavalerie légère*, divertissement	» .. *La Reine Réclame*, 9 pers, jeunes filles...net. 1f.
enfantin av. chants et manœuvres de scène, net, .1f.	» ... *Les petits guerriers*, Sc, parlé et ch.t 12 à 15 gar. 1f.

TOUJOURS EN RETARD!

MONOLOGUE POUR JEUNES GENS

Prix: 50c net.   F. PRAZ

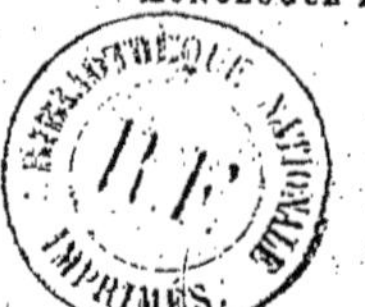

A. PINATEL, Éditeur de Musique, 18, Faub.^g Poissonnière, Paris.

(Après le lever du rideau, la scène reste vide une minute.)

Mesdames et messieurs, je vous demande mille pardons de vous faire attendre. Pour vous consoler, je vous dirai que je suis toujours et partout en retard. Ma mère n'était jamais prête à l'heure pour les repas, et mon père faisait encore attendre pour se mettre à table; moi, je tiens des deux, alors, vous comprenez, c'est une question d'atavisme ou d'*avachisme*, comme vous voudrez.

Ainsi quand j'allais à l'école, je n'ai pu arriver qu'une fois le premier, encore il n'y avait pas d'école ce jour-là: c'était un jeudi, et je croyais être au mercredi: toujours en retard! Et même un jour je me suis présenté en classe juste au moment où les élèves en ressortaient pour s'en aller: vous voyez comme il était temps que j'arrive. Une minute de plus, je manquais l'école!

C'est comme au régiment, quand on faisait l'exercice et qu'on disait: Marche! toujours je levais le pied après les autres, et quand on disait: Halte! je ne savais plus m'arrêter!........

Un jour, le caporal me fit cette apostrophe: «Dites donc, vous, comment donc qu'elles sont éduquées vos pattes de derrière?.. Quand il faut bouger, elles bougent pas, et quand il faut pas bouger, elles bougent! Vos pieds sont donc aussi bêtes que vous!»

Je lui aurais bien répondu: «C'est la faute à mes parents,» mais je n'ai trouvé cette réponse qu'un quart d'heure après: c'était déjà un peu tard!..

Et puis, n'est-ce pas de la guigne! Une fois on m'avait fait l'honneur d'être parrain de ma nièce qu'on devait baptiser un dimanche. J'arrive chez les parents,

A. P. 46

fais mes compliments au papa, à la maman, et j'embrasse ma petite filleule, disant:
Et puis, c'est aujourd'hui que nous baptisons ce petit amour? On me répond: Mais il
y a huit jours que la petite est baptisée!........Figurez-vous que je m'étais trompé de
dimanche, et quand je me trompe c'est toujours dans le sens du retard. Ah! misère de moi!

C'est comme une autre fois: L'un de mes amis avait perdu sa jeune femme
qu'il adorait et dont il était inconsolable. Touché de sa douleur, j'y mis le temps et je
lui troussai une superbe poésie de condoléances, quelque chose de parfait et bien de
nature à adoucir son chagrin. Quand je lui adressai ma pièce, savez-vous ce qui ar-
riva?........Ce fut sa seconde femme qui lut ma poésie avec lui, car il était remarié!..
Hein! comment trouvez-vous le bouillon?........

Tenez, même moi, quand je me suis marié, les trois coups de la messe de
mariage sonnaient dans l'air que j'allais à peine chez le coiffeur pour me faire faire
la tête. Vous allez me dire que pour cette cérémonie-là on est toujours assez pres-
sé et que le retard est excusable quand il s'agit de...de...enfin de cette chose!.....
Je ne vous dis pas le contraire, mais vous savez, c'est toujours ennuyeux de faire
attendre.

Un jour pourtant, oh! quelle histoire! j'allais prendre le train pour Vadonvite, canton des Clopinards, département des Tards-Venus. Je demande au guichet
de la gare: Est-ce que je ne suis pas en retard pour prendre le train de Vadonvite?
—Au contraire, me répond le distributeur de billets; vous êtes en avance! Ah! bon-
té du ciel, j'étais en avance cette fois.—Et de combien, s'il vous plaît, lui dis-je?
—Oh! me fait-il, de six heures!—De six heures, soupirai-je, mais j'ai un rendez-vous
à Vadonvite dans deux heures.—Alors, ajouta-t-il, il fallait venir cinq minutes plus
tôt; vous auriez eu le train de midi. En effet c'était midi, cinq. Oh! j'aurais tordu le
cou au chemin de fer! Mais c'est dans ma destinée; ça tient à mon étoile. Vous ne la
connaissez pas, mon étoile?........ C'est celle qui s'allume dans le ciel tout à fait la
dernière, juste quand les autres s'éteignent.

Bien plus fort,—ah! là, par exemple, les gendres auront peine à me croire—
figurez-vous que j'ai été en retard même à l'enterrement de ma belle-mère, ainsi
vous voyez!........

Mais que voulez-vous, c'était écrit que je serais en retard toute ma vie; ça
c'est de naissance: quand je vins au monde, il paraît que j'étais déjà en retard de
trois semaines.........Alors.... vous comprenez!........

(RIDEAU)

475 . Imp. Bigeard, rue Pierre Levée, 19.

LES J'EAUX ET LA RÉAQCHION

MONOLOGUE AUVERGNAT

Prix: 50ᶜ net.   F. PRAZ.

A. PINATEL, Éditeur de Musique, 18, Faub. Poissonnière, PARIS.

(L'acteur aura le costume classique: habits d'étoffe grossière, gros sabots aux pieds.)

Argardez voir la frimouche de ma figure! Hein? J'ai bonne mine, pas? J'ai les *bajoues* pleines à préjent! Ouchqu'il y a un mois, je ne pejantais que chêpetante-chinq kilos, mes chabots j'aux pieds, aujourd'hui j'en pejante nonante-chiche et dimi, et encore mes chabots à la main. Ainchi, vous voyez! Ah! ch'est que je reviens dès j'eaux ouche que j'ai vivu de bonnes chojes et de bonnes chauches, juchqu'à du jambon de *fu-ienche*. Et puis j'ai t'y ri! On m'avait cajé à la table appelée la table des...des *j'autres*. Et quand on choupe plujieurs enchemble, vous comprenez, che n'est pas pour che regarder en chiens de *Mayenche*; on cauje; on ch'amuje; chacun dit la chienne, et l'on ch'en fait du bon chang. Ah! que ch'est bien invenchionné, les j'eaux!

Mais par égjemple, hûm!.. chi le *governament* chavait cha, chûr qu'il ferait fermer ches boutiques-là.

Vous chavez, moi, je fais pas de *poulitique*. Quand j'achète un journal, ch'est tout chimplement pour prendre connaichanche de l'état-chivil de ma *coumune*, hichtoire de voir ch'il vient au monde quelqu'un que je connais. Autrement de cha, la poulitique me dégoûte; on ne parle que de chouchialichme, de radicalichme, de cléricalichme, etchepétéra. Pour moi, ch'est tout du maboulichme et j'en ai achez. Mais chavez-vous que ch'est épatant che qu'on en fait de poulitique dans les j'eaux. Moi, en arrivant, naturellement, je vas voir mon médechin, je lui raconte que la mécagnique de ma chanté avait bejoin d'être graichée, que mon echtomaque ne déjirait plus rien du tout. Chavez-vous quoi qu'il m'a répondu? A peine ch'il m'a dit un mot des j'eaux; il ne m'a parlé que de réaqchion. Hé! coco, que je me penche, cha che voit que tu es réaqchionnaire, mais, moi, jute!! on ne m'y prend pas. Je me tordais la langue pour ne pas lui dire que je venais lui demander chon opinion chur ma chanté et pas chur la poulitique. Mais vous j'allez voir comme che médechin en avait déjà emblôujé d'autres à chon parti. Je vas pour prendre ma douche; je rencontre un type qui en chortait et qui gechticait comme cha *(mouvements extravagants des bras et des jambes)* J'ai cru qu'il chortait de Bichêtre. Qu'est-che quoi que vous faites donc, que je lui dis? Il me répond en che chauvant comme un fou qu'il faijait de la réaqchion. Et puis voilà une doujaine d'autres douchetés qui pachent en che *tordicolant*, lanchant des coups de poing dans le vide et levant la patte en l'air comme des chats qui ont peur.

                    A. P. 14

Chaprichti de bougri, que je me dis, ch'est cha la réaqchion! Ah! je comprends! Cha ne m'étonne plus que le *governament* en aye tant peur! Ch'est qu'une armée de chinquante mille réaqchionnaires cheulement, cha vous démolirait le diable et à plus forte raijon une république qui ne cherait pas choillide!

Et notez que tous ches réaqchionnaires étaient des genches de la *haute*, des méchieures à gibuches, à quibuches et à queue de morue, et des mesdames toutes j'en choie. Mais moi, je n'en chuis pas de che monde-là, hé! Après ma douche, je me propojais tout chimplement de fumer une bonne pipe, cha vaut mieux que la réaqchion. J'y vas t'à la douche. Brrr. Ch'est cha qui vous j'armue la chirculachion du chang des veines du corps!........Ch'est pas cha, mais ch'est que j'en chuis chorti avec des j'idées à tout renvercher et bachculer.

Ches gueujes de j'eaux m'avaient flanqué un tel inchendie dans le tempérament que je courais comme un léjard, en gechticant comme achticot. J'étais plus réaqchionnaire que les j'autres: j'avais des j'envies de batailles et des j'inchtincts de corquemitaine, je vous dis que cha! Ainchi, quand je pus reprendre et fumer ma pipe, un chertain quelqu'un ch'apporche de moi et me dit chependant chur un ton très poli: « M'chieu, pourriez-vous me dire de quel côté du tuyau che trouve la tête de votre pipe? » Il ne pouvait pas che montrer plus j'aimable, n'est-che pas? Eh bien, rien que cha a chuffi pour me donner des froumis dans la main que ch'il n'avait pas fait demi-tour, je l'écrabouillais comme une puche, tellement la réaqchion, cha vous donne du nerf pour la lutte.

Alorche, j'ai compris que tous les cheuches qui vont j'aux j'eaux chont des réaqchionnaires qui che font doucheter pour s'egjercher à la réaqchion, ch'est-à-dire à la lutte contre la République.

Che n'est pas moi qui veux les dénoncher, non; je ne fais de la *cacherolle* que pour le rétamage, mais chi le governament chavait tout che froubi de réaqchion qui che fait dans les chaijons d'eaux, chûr qu'il ferait fermer ches boîtes comme de chimples couvents de Vijitandiénes.

Et puis ch'est qu'il y en a toute une congrégachion de villes j'à eaux: vous j'avez Echque-les-Bains, Vaches-les-Bains, Royat-les-Bains, Vrichy-les-Bains, Fouchtra-les-Bains, Bougri-les-Bains, cha n'en finit plus! Que le governament che tienne bien. On dit que le vin renverche l'homme, mais chi la République est renverchée, pour moi, cha viendra des j'eaux!

Quoi que cha choit qu'il en choye, j'ai été réaqchionnaire malgré moi pendant trois chemaines. Ch'est vrai que je m'en porte pas plus mal, au contraire, puisque j'ai augmenté ma lourdeur de vingt et un kilos et dimi. Mais ch'est quand même fouchtrachant aujourd'hui de ne pas pouvoir cheulement *engrafcher* chang faire de la poulitique!   (*RIDEAU*)

A. PINATEL, Éditeur de Musique, 18, Faub. Poissonnière, Paris.

EXTRAIT DU CATALOGUE GÉNÉRAL (Suite)

MONOLOGUES POUR FILLES, Chacun, net.50°.

Adieux à la cloche du pensionnat.	Maudite fée, va!
Au petit démon de la gourmandise.	Panacée universelle et le Roi des cosmétiques.
Ça vient d'Amérique.	Patati! patata!
C'est pas tout rose d'être maman.	Pour faire goûter la géographie.
C'est pas tout rose d'être petite.	Pourquoi il y a si peu de femmes poètes.
Cette pauvre langue!	Pourquoi je n'aime pas les fables.
Écoutez du nouveau sur l'arithmétique.	Qui donc inventa le miroir?
Gare le féminisme!	Qui est-ce qui a fait le programme?
Grands hommes et grandes femmes.	Secret pour faire prendre une potion amère.
Gronderie à ma poupée.	Sensitive.
Histoire d'une composition française.	Si j'avais fait le règlement.
J'en veux aux Inventeurs.	Si j'étais cuisinière.
Le bonheur des illusions.	Si La Fontaine vivait encore.........
Le chapeau enchanté.	Une plaidoirie tout à fait nouvelle.
Les perfections de ma poupée.	Vengées!
Les petits démons.	Voyez comment fit Perrette!

DIALOGUES ET SCÈNES POUR GARÇONS, Chacun, net.50°.

Casseur provençal et casseur gascon.	Les proverbes de Cauthenlon.
Jouons au maître d'école. (Scène 12 garçons)	Le vin et l'eau.
Grand-père autrefois. (Scène pour une quinzaine d'enfants)	Le XIXe siècle et le XXe siècle.
La Fontaine en comédie. (Scène 7 Personnages)	Une leçon de littérature.
La gesticulomanie.	Père Hiver et Roi Printemps.
La Palice prophète. (Scène 10 Personnages)	Paresseux et choix de carrière. (Scène 12 garçons)
Le boudeur. (Scène 4 Personnages)	Petit sou et louis d'or.
La pipe et le journal.	Troun de l'air et Cadédis.
Le candidat sourd et l'examinateur.	Une guerre entre les dix parties du discours (Se 10 gar.)
Le clairon et le tambour.	Une tombola amusante. (Scène. Personnages à volonté)
L'Hyperbolâtrie.	Un examen.
Le sourd et le médecin.	Ultra-modernisme. (Dialogue)
	Zim bu da boum! (Parade)

DIALOGUES ET SCÈNES POUR JEUNES FILLES, Chacun, net.50°.

Devine-moi ça!	Leçon de littérature magique. (Scène 10 Personnages)
Dire qu'une lettre m'embarrasse!	L'Été et l'Automne.
En voilà des leçons goûtées! (Scène 11 Personnages)	Les félicités de la mauvaise humeur.
La curiosité.	Les mauvais tours de la distraction.
La Fontaine comique. (Scène 12 Personnages)	Les deux petites mamans.
La lettre et la dépêche télégraphique.	La bonne fée et les petites écolières. (Scène pour une dizaine d'écolières)
La Mode et la Routine.	Piano et machine à coudre.
La Pluie et le Beau temps.	Un dîner sur l'herbe.
L'art de complimenter.	Une dispute en calembours.
Le chat en proverbe. (Scène 2 Personnages)	Zim ba da boum! (Parade)
Le bonheur d'être trop nerveuse. (Dialogue)	

DUOS ET SCÈNES avec Accomp.^t de Piano

GARÇONS ou FILLES

BORDESE...L'alouette et le laboureur...net.1f.	LIMAGNE... L'agneau de l'oncle Pilu (avec Parlé) .... net.50°.
LIMAGNE...L'escapade .... net. 50°	

GARÇONS

DEMORTREUX... Les deux travailleurs, (Scène à 2 Personnages, tenor et basse.) Chant seul, net.1f. Piano et Chœur net 2'50	LIMAGNE ...Nous avions chacun six sous (avec Parlé) ....net.1f.
GILIS............Les mirlitons, (Solo et Chœur avec mirlitons)............... net.50°	PRAZ..........Priseur et fumeur, (Duo comique avec Parlé).....................net.1f.
LESERRE..........C'est pas moi, c'est lui! ...net.50°	TRITANT ....Flûte et tambour,.................net.1f.
» ....Locataire et propriétaire.net.50°	» ....Clic, clac, pan, pan, ou forgeron et postillon,........................net.1f.
» ....Tandem, tandem ....net.50°	TROJELLI...Premier duel,.................net. 50°.

Comédies, Pièces, Saynètes, Opérettes pour Écoles et Pensionnats,

demander le CATALOGUE Spécial à l'Éditeur:

A. PINATEL, Éditeur de Musique, 18, Faubourg Poissonnière, PARIS.

A. P. 4525.